KB268382

내 안의 성난 코끼리 길들이기

내 안의 성난 코끼리 길들이기

1판 1쇄 인쇄일_ 2013년 1월 10일 | 1판 1쇄 발행일_ 2013년 1월 15일 | 지은이_ 잰 초젠 베이스 | 옮긴이_ 황근하 | 펴낸이_ 류희남 편집장_ 권미경 | 교정_ 김진희 | 펴낸곳_ 물병자리 | 출판등록일(번호)_ 1997년 4월 14일(제2-2160호) | 주소_ 110-070 서울시 종로구 내수동 4번지 옥빌딩 601호 | 대표전화_ (02) 735-8160 | 팩스_ (02) 735-8161 | 이메일_ mbpub@hanmail.net | 트위터_ @AquariusPub | 홈페이지_ www.mbage.com | ISBN_ 978-89-94803-15-9 03320 | 이 책의 어느 부분도 펴낸이의 서면 동의 없이 어떤 수단으로도 복제하거나 유포할 수 없습니다. 잘못된 책은 바꿔 드립니다.

내 안의 성난 코끼리 길들이기

날마다 깨어 있기 연습법 53

잰 초젠 베이스 지음 | 황근하 옮김

물병자리

나는 사람들에게서 이런 말을 많이 듣는다.

"마음모음(mindfulness) 연습을 하고 싶기는 한데, 너무 바빠서 시간을 낼 수가 없어요."

많은 사람이 마음모음 연습이란 아이 키우기와 집안일로 그렇지 않아도 숨 돌릴 틈 없이 바쁜 하루 일과 속에서 어렵게 시간을 내서 하는 것이라고 생각한다. 하지만 사실 마음모음 연습을 삶의 일부로 만드는 일은 '점 잇기 놀이'나 '색칠공부 놀이'와 비슷하다. 색칠공부장을 보면 그림의 각 부분마다 무슨 색을 사용하라고 번호가 매겨져 있지 않던가? 갈색을 칠하게 되어 있는 칸에 갈색을 전부 채워 넣고, 초록색을 칠하게 되어 있는 칸에 초록색을 전부 채워 넣는 식으로 각각의 칸에 색을 칠하고 나면 멋진 그림이 나타나기 시작한다.

마음모음 연습도 그와 똑같다. 삶의 작은 부분 하나, 예를 들면 전화 받는 법에서부터 시작할 수 있다. 전화벨이 울릴 때마다 수화기를 들기 전에 천천히 심호흡을 세 번 해보라. 일주일쯤 이렇게 전화 받는 연습을 하다 보면 그것은 어느새 습관이 된다. 그렇게 되면 마음모음 연습을 하나 더 해보고, 그 연습이 익숙해져 삶 속으로 녹아들면 또 다른 연습을 하나 더 해본다. 이런 식으로 반복하면 서서히 더 많은 순간에 깨어 있게 된다. 깨어 있는 삶이라는 멋진 그림이 그렇게 모습을 드러내기 시작하는 것이다.

이 책에 실린 연습법들은 당신 삶 속의 빈 공간들을 하나하나 짚어 주면서 열린 마음과 깨어 있음이라는 따뜻한 색깔로 그 공간들을 채워 넣을 수 있게 해줄 것이다. 나는 명상 교사이며, 오리건의 선원(禪院)에 살고 있다. 또한 소아과 의사이자 한 남자의 아내이며, 아이들의 엄마이자 할머니이기도 하니, 매일의 일상이라는 것이 얼마나 힘들고 스트레스를 주는지 아주 잘 알고 있다고 할 수 있다. 이 책에 실린 연습법 대부분은 바쁘게 흘러가는 일상 속에서 나 스스로 좀 더 깨어 있고 행복하고 편안해지고 싶어서 만들게 된 것이다. 지금 이 순간에 더욱 온전히 깨어서 삶의 작은 순간들도 놓치지 않고 즐기고 싶은 모든 사람에게 이 연습법들을 권한다. 삶에서 평화와 안정감을 되찾기 위해서 반드시 한 달 동안 명상 수련을 가거나 선원에 들어가야 하는 것은 아니다. 평화와 안정감은 이미 당신의 삶 속에 들어 있다. 날마다 조금씩이라도 마음모음 연습을 실천하다 보면 지금 살고 있는 바로 이 삶 속에 만족감과 충만함이 가득함을 발견하게 될 것이다.

마음모음이란 무엇이고, 왜 중요한가?

요즘 연구자와 심리학자, 의사와 교육자 같은 전문가들은 물론이고, 일반 대중 사이에서도 마음모음에 대한 관심이 아주 높다. 또한 마음모음이 정신과 몸의 건강에 이롭다는 과학적인 연구 결과도 무척 많이 나와 있다. 그런데 마음모음이라는 것이 정확히 무슨 뜻일까?

내가 즐겨 사용하는 마음모음의 정의는 다음과 같다.

"마음모음은 지금 자신의 주변과 내면에서 일어나는 일, 즉 자신의 몸과 머리와 가슴에 의도적으로 오롯이 주의를 기울이는 것이다. 마음모음은 판단하거나 비판하지 않고 그저 알아차리는 것이다."

우리는 때로는 깨어 있고, 때로는 그렇지 않다. 그 좋은 예가 차에서 운전대를 잡고 있을 때다. 처음 운전을 배웠을 때를 생각해 보라. 방향을 바로잡기 위해서 운전대에 얹은 손을 왼쪽, 오른쪽으로 홱홱 틀면서 서툴게 움직이는 바람에 차가 길 위에서 갈지자를 그리지 않았던가? 당신은 아마 운전에 온전히 집중한 채로 상당히 깊이 깨어 있었을 것이다. 하지만 시간이 조금 지나면 당신은 운전대를 돌리는 것에 익숙해져서 미묘한 방향

조정도 자동적으로 하게 된다. 손에 특별히 의식을 집중하지 않아도 차는 부드럽게 일직선으로 나아간다. 당신은 운전하면서 이야기도 하고, 뭔가를 먹기도 하며, 라디오도 듣는다. 이 모든 것을 한 번에 할 수 있게 된다.

바로 이렇게 우리 모두가 경험해 알고 있는 '자동적인 운전'이 시작되는 것이다. 차 문을 열고, 시동을 걸고, 주차장에서 조심스럽게 빠져나와서…… 회사 주차장에 차를 주차한다. 여기서 잠깐! 집에서 회사까지 오는 동안 무슨 일이 일어났었는지 한번 생각해 보라. 빨간불에는 몇 번이나 걸렸던가? 집 앞 횡단보도의 신호등은 빨간불이었나, 파란불이었나? 당신의 몸이 넘쳐 나는 차들과 정지 신호 속에서 솜씨 좋게 차를 모는 동안, 당신의 의식은 어디 유쾌한 세계에 가있었든 아니견 불쾌한 세계에 가있었든 아무튼 제자리에 없었고, 그러다 어느 순간 정신을 차려 보니 목적지에 도착해 있는 것이다.

그게 나쁜 것일까? 물론 당신이 그로 인해 수치심이나 죄책감을 느낄 필요는 전혀 없다. 몇 년 동안 사고 한 번 없이 그렇게 자동 조종 장치처럼 차를 몰아 출퇴근할 수 있었다면 그것은 대단한 기술이다. 하지만 안타깝다고 말할 수는 있을 것이다. 왜냐하면 우리의 몸이 뭔가를 하고 있는 동안 마음이 어딘가로 휴가를 가있었다는 것은 우리가 그 시간 동안 깨어 있지 않았다는 뜻이기 때문이다. 깨어 있지 않을 때 우리는 어딘지 모르게 불만족스럽다고 느낀다. 그리고 이런 불만족감, 다시 말해 자기 자신과 그 밖의 모든 사물 및 사람 사이의 간극이야말로 인간 삶의 가장 근본적인 문제다. 이럴 때 우리 가슴속에는 깊은 회의와 외로움이 날카롭게 파고든다.

부처님은 이것을 첫 번째 진리라고 칭했다. 누구나 어느 시점엔가는 이런 괴로움을 경험한다는 것이다. 물론 삶에는 행복한 순간들도 많지만, 친구들이 돌아가고 나면, 쓸쓸하거나 지친 날이면, 뭔가에 실망했거나 슬프거나 배신감이 들 때면 불만족감과 불행이 다시금 모습을 드러낸다.

사람들은 살면서 겪게 되는 일상적인 고통을 줄여 보기 위해 음식이나 약물, 섹스, 야근, 술, 영화, 쇼핑, 도박 등의 방법을 동원하기도 한다. 이런 방법들은 어느 정도는 효과가 있지만, 빚더미에 올라앉거나, '필름이 끊겨' 버리거나, 경찰서에 잡혀 가거나, 사랑하는 사람을 잃어버리는 등 대부분은 부작용도 갖고 있고, 그래서 길게 보면 더욱 큰 괴로움을 안겨 준다.

위와 같은 일반 요법들의 약봉지에는 이렇게 적혀 있다.

"증상이 일시적으로 완화될 뿐입니다. 증상이 계속되면 의사와 상의하십시오."

나는 일상에서 오는 뿌리 뽑히지 않는 불만족감과 불행을 잠재워 줄 방법이 없을까 오랜 시간 고민한 끝에 이를 해결해 줄 믿을 만한 치료법을 찾아냈다. 나 자신은 물론이고 주변의 많은 사람에게도 그 치료법을 써보았는데, 결과는 아주 놀라웠다. 그것은 바로 규칙적인 마음모음, 즉 깨어 있기 연습이다. 주변 모든 것에 깨어 있는 법을 익힌다면 살면서 겪게 되는 불만족감이 눈에 띄게 줄어들고, 소박한 즐거움이 그 자리를 대신할 것이다.

누구나 완전히 깨어 있었던 순간, 모든 것이 분명하고 선명하게 느껴지던 순간을 적어도 한 번쯤은 경험해 보았을 것이다. 이런 순간을 우리는 '정점 순간(Peak moment)'이라고 한다. 아이의 탄생이나 사랑하는 이의 죽음처럼 극도로 아름답거나 가슴 아픈 경험을 할 때 우리는 정점 순간을 느낀다. 차가 미끄러질 때도 이런 경험을 하는데, 사고가 일어나는 모습을 지켜볼 때 시간은 아주 느리게 흘러간다고 한다. 하지만 꼭 그처럼 극적인 순간에만 정점 순간을 경험하는 것은 아니다. 정점 순간은 평상시에 길을 걷다가도 맞이할 수 있다. 길모퉁이를 돌았는데 한순간 모든 것이 찬란하게 빛난다면, 바로 그때가 정점 순간이다.

정점 순간이란 우리가 완전하게 깨어 있는 시간을 가리킨다. 우리의 삶과 의식이 분리되지 않고 하나가 되는 순간이다. 이런 순간에는 '나'와 '나 이외의 모든 것' 사이의 간극이 없어지고, 고통은 사라져 버린다. 우리는 충만감을 느낀다. 사실 충만감과 불만족감이라는 것 자체를 넘어서 있다. 우리는 현존해 있다. 우리가 곧 현존이 되는 것이다. 불자들이 '깨달은 삶'이라고 말하는 것을 맛보기로나마 경험하는 것이다.

하지만 이러한 순간은 금세 사라져 버리고, 그러면 우리는 다시 주변의 모든 것과 분리되어 가는 것을 느끼면서 다시 불만족감을 경험한다. 정점 순간이나 깨달음은 우리가 억지로 만들어 낼 수 있는 것이 아니기 때문이다. 그러나 마음모음이라는 도구를 쓰면 우리는 불행의 원인이 되는 분리감을 줄이는 데 도움을 받을 수 있다. 마음모음은 우리의 몸과 마음이 집중된 의식 속에 하나로 묶여 있게 해준다. 나라는 존재가 그렇게 하나로 단단히 통합되어 있을 때 '나'와 '나 이외의 모든 것' 사이의 장벽은 더욱더 얇아지고 얇아져 마침내는 완전히 사라져 버린다. 그 시간이 얼마나 지속되는지는 마음모음 연습을 어떻게 하느냐에 따라 달라지지만, 이 순간 동안은 모든 것이 오롯하고 성스러우며 평화롭다.

마음모음의 좋은 점

마음모음 연습을 하면 좋은 점이 많다. 로체스터 대학의 커크 워렌 브라운(Kirk Warren Brown)과 리처드 라이언(Richard M. Ryan)이 실시한 행복에 관한 연구에 따르면, 마음모음 수련이 잘된 사람들은 활력 있고 긍정적인 정신 건강의 표본이라고 한다. 마음의 병은 물론 몸의 병에도 좋다는 뜻이다. 하지만 내가 이렇게 말한다고 해서 이런 말을 무조건 맹신할 필요는 없다. 이 책에 나온 연습법들을 1년 정도 연습해 보고, 당신의 삶이 어떻게 바뀌었는지를 관찰해 본 뒤 결론을 내리도록 하라.

내가 경험으로 알게 된 마음모음의 좋은 점은 다음과 같다.

1. 마음모음은 에너지를 아껴 준다

주어진 일을 솜씨 있게 처리할 수 있다는 것은 참 좋은 일이다. 그러나 일을 능숙하게 처리하게 해주는 그 기술 때문에 무의식적으로 그 일을 하게 된다면 안타까운 일이 아닐 수 없다. 뭔가를 무의식적으로 하는 것이 안타까운 이유는 그럼으로써 우리 인생의 상당 부분을 잃어버리게 되기 때문이다. 우리의 마음이 그렇게 '자리를 비우고' 있을 때 가는 곳이란 과거나 미래, 아니면 공상의 세계가 전부다. 이 세 군데 모두 우리가 상상으로 지어낸 곳일 뿐 조금도 현실성이 없다. 지금 우리가 있는 이곳이 유일한 장소고, 바로 지금만이 우리가 실제로 살아 있는 유일한 시간이다.

과거를 회상할 수 있는 인간의 능력은 참으로 특별한 재능이다. 그 때문에 우리는 실수에서 배우고, 건강하지 않은 삶의 방향은 바로잡을 수 있다. 하지만 그러다 보면 과거의 실수를 끝도 없이 곱씹는 일이 자주 벌어진다.

"내가 이렇게 말하기만 했어도 그가 이러진 않았을 텐데……."

안타깝게도 우리의 마음은 우리가 무척 어리석다고 생각하는 것 같다. 마음은 우리가 과거에 저지른 실수를 거듭 끄집어내서 끝없이 우리를 비난하고 탓한다. 우리는 똑같은 끔찍한 영화를 250번이나 비싼 값을 치르고 반복해 보고 싶지 않지만, 마음은 걸핏하면 나쁜 기억들을 끝없이 재상영하고, 우리는 그때마다 번번이 고통과 수치심을 느낀다. 우리는 아이가 작은 실수를 저질렀다고 해서 그 잘못을 250번이나 상기시켜 주지는 않을 것이다. 그러면서도 스스로에게는 마음이 과거의 일을 계속 불러내어 우리 내면의 어린아이에게 수치심과 분노를 퍼붓게끔 내버려 둔다. 마음은 우리가 다시 잘못된 판단과 무지, 부주의로 다치게 될까 봐 두려워하고 있는 것 같다. 우리는 사실 한 번의 실수에서 배우고, 그것을 다시 반복하지 않을 만큼 충분히 똑똑한데도 마음은 우리가 현명하다는 것을 믿지 않는다.

아이러니하게도 불안으로 가득 찬 마음은 저 스스로가 가장 두려워하는 것을 만들어 낸다. 늘 불안해하는 마음은 우리를 과거에 대한 후회라는 백일몽 속으로 끌어당기지만, 그럴 때 우리가 현재에 있지 못한다는 사실을 알지 못한다. 지금 이 순간에 있지 못할 때 우리는 지혜롭게 행동하지 못하기 쉽다. 마음이 두려워하는 바로 그 실수를 저지를 가능성이 훨씬 높아지는 것이다.

미래를 계획하는 능력 역시 우리 인간이 가진 특별한 재능이다. 계획은 우리가 앞날을 헤쳐 나갈 때 의존할 수 있는 지도가 되어 준다. 잘못된 방향으로 들어서서 먼 길을 돌아와야 하는 일이 벌어지지 않도록 도와주며, 지금껏 걸어온 인생길과 성취에 만족하면서 인생의 종착지에 도착할 가능성을 높여 준다.

그러나 안타깝게도 마음은 우리를 불안하게 여기면서 앞으로 생겨날 수 있는, 그러나 대개 실제로는 결코 일어나지 않는 수만 가지의 미래 상황에 대해 계획을 세우려고 한다. 이처럼 쉴 새 없이 미래로 뛰쳐나가는 마음의 습관은 우리의 정신적·감정적 에너지를 낭비하게 만든다. 알 수 없는 미래에 대해 우리가 할 수 있는 가장 좋은 준비는 이치에 맞는 계획을 세우고, 지금 일어나고 있는 일에 집중하는 것이다. 그럴 때 우리는 우리에게 다가오는 일들을 분명하고 유연한 마음과 열린 가슴으로 맞이할 수 있고, 그렇게 그 순간의 현실에 맞추어서 우리의 계획을 수정할 준비와 능력 역시 갖추게 된다.

마음은 또한 공상의 세계로 떠나 버리는 것을 아주 좋아한다. 마음은 공상의 세계에서 지금과는 다른 새로운 나, 유명하고 잘생기고 능력 있고 재능 있고 성공한, 돈 많고 사랑받는 나를 만들어 낸다. 공상할 수 있는 인간의 능력은 인간이 가진 창조성의 바탕이 되는 늘라운 재능이다. 공상 능력이 있어 우리는 새로운 발명품을 그려 볼 수도 있고, 놀라운 미술 작품과 음악을 만들어 내기도 하며, 새로운 과학적 가설을 세우기도 하고, 새로운 건물을 지어 올리는 것에서부터 새로운 인생 항로를 개척하는 데 이르기까지 갖가지 계획을 세울 수도 있다.

그러나 안타깝게도 이것은 도피로 변하기도 한다. 지금 이 순간 불편하게 느껴지는 것들로부터, 앞으로 다가올 알 수 없는 미래에 대한 불안으로부터, 한 시간 뒤든 내일이든 내년이든 언젠가 우리에게 어려움이 닥쳐올 수 있으며 심지어 죽음이 찾아올 수도 있다는 두려움으로부터 피하려는 행동이 되기도 하는 것이다. 끊임없는 공상과 백일몽은 창조성과는 다르다. 창조성은 마음이 중립적인 상태에 있으면서 자기 자신을 분명하게 바라보고, 새로운 생각, 시나 선율, 화려한 색감 등이 표출될 수 있도록 깨끗한 캔버스를 펼쳐 주었을 때 나오는 것이다.

마음이 지금 이 순간에 편안히 머무르면서 바로 지금 실제로 일어나고 있는 일에 오롯이 깨어 있을 때, 반복적이고 무익하며 에너지를 소진하는 과거와 미래, 공상으로의 여행을 떠나지 않고 제 길에 들어서 있을 때, 우리는 아주 중요한 일을 하고 있는 것이다. 마음의 에너지를 보존하고 있는 것이기 때문이다. 이럴 때 마음은 산뜻하고 열려 있는 상태를 유지하면서 제 앞에 나타나는 어떤 것에든 반응할 준비가 되어 있다.

이런 것이 대수롭지 않다고 생각할 수도 있겠지만, 실은 그렇지 않다. 우리의 마음은 항상 너무 바빠 좀처럼 쉬지 못한다. 마음은 심지어 밤중에도 삶에서 일어났던 일들과 불안감을 뒤섞어 꿈을 만들어 내느라 분주하다. 우리는 쉬지 않으면 몸이 제 기능을 하지 못한다는 것을 잘 알기에 매일 밤 최소한 서너 시간은 누워서 푹 쉬는 시간을 갖는다. 그러나 마음 역시 휴식이 필요하다는 사실은 자주 잊어버린다. 마음이 쉬는 곳은 바로 지금 이 순간이다. 편안히 누워서 벌어지는 일들의 흐름 속에 자신을 맡길 수 있는 바로 지금 말이다.

마음모음 연습은 과거나 미래로 여행을 떠나는 데 정신적 에너지를 낭비하지 말고 바로 이곳으로 돌아오라고, 지금 이 순간 일어나고 있는 일들 속에서 편히 쉬라고 우리에게 말해 준다.

2. 마음모음은 마음을 단련하고, 튼튼하게 해준다

우리는 사람의 몸이 단련될 수 있다는 것을 잘 안다. 몸을 단련하면 몸이 더 유연해지기도 하고(체조 선수나 곡예사), 더 우아해지기도 하며(발레 무용수), 더 숙련되기도 하고(피아노 연주자), 더 강해지기도 한다(역도 선수). 하지만 마음 역시 여러 면에서 그렇게 단련될 수 있다는 사실을 아는 사람은 많지 않다. 깨달음을 얻기 직전 부처님은 오랜 시간 단련하고 연마한 마음의 성질에 대해 설명했다. 부처님은 자신의 마음이 집중되어 있고, 정화되었으며, 밝고 순결하다는 것을, 그리고 단련되어 있고, 부드럽고, 불완전함이 없으며, 동요 없이 고요하다는 것을 발견했다. 마음모음 연습을 할 때 우리는 습관적인 선입견으로 뒤덮여 있던 마음 구석구석을 살펴 우리 삶의 면면을 선명하게 들여다보는 연습을 한다. 우리는 마음을 가볍고 강하고 유연해지도록, 그러면서 우리가 의도한 곳에 오롯이 집중할 수 있도록 길들인다.

부처님은 마음을 길들이는 것에 대해 이야기했다. 부처님은 그것은 숲속의 야생 코끼리를 길들이는 것과 같다고 말했다. 길들여지지 않은 코끼리가 농작물을 망가뜨리고, 사람을 해치며, 해를 가할 수 있는 것처럼 길들여지지 않은 변덕스러운 마음 역시 우리 자신은 물론 주변 사람들까지도 해칠 수 있다. 인간의 마음은 우리가 생각하는 것보다 훨씬 더 큰 능력과 힘을 갖고 있다. 마음모음은 이와 같은 마음을 잘 단련하여 우리가 깨달음과 친절함, 창조성이라는 마음의 진정한 잠재력을 발견하고 사용할 수 있게 해주는 아주 유용한 도구다.

부처님은 야생 코끼리를 붙잡아 정글에서 데리고 나왔다면 처음에는 줄을 매어 말뚝에 묶어 두어야 한다고 지적했다. 우리 마음의 경우, 그러한 말뚝은 '숨 쉬기', '깨어서 먹기', '바른 자세' 등 마음모음 연습에서 하게 되는 각종 연습이 될 것이다. 우리는 한 가지 연습으로 계속해서 되돌아옴으로써 마음을 제자리에 붙잡아 두는 훈련을 한다. 이런 연습을 통해 마음은 고요해지고, 마음의 주의를 흩뜨리는 요소들도 사라진다.

야생 코끼리에게는 거친 습관이 많다. 야생 코끼리는 사람이 다가가면 달아나고, 겁을 먹었을 때는 공격한다. 우리 마음도 비슷하다. 마음은 위험을 감지하면 지금 이 순간에서 달아난다. 기분을 좋게 해주는 공상 속으로, 언젠가 복수하겠다는 생각으로 달아나는가 하면, 아무것도 느끼지 않은 채 그저 무감각해지기도 한다. 또한 겁을 먹으면 분노를 터뜨리면서 다른 사람들을 공격하기도 하고, 입을 꾹 다문 채 날카롭게 자신을 비난하면서 공격하기도 한다.

부처님 시대의 코끼리들은 전쟁에 나가 싸우도록 훈련받았기 때문에 굉음이 울리는 전쟁의 난장판 속에서도 놀라 달아나지 않고, 명령에 복종할 수 있었다. 마찬가지로 마음 역시 마음모음 훈련을 받으면 빠르게 변화하는 현대 사회에서도 고요함을 잃지 않을 수 있다. 마음이 길들여져 있다면 우리는 세상을 살면서 어쩔 수 없이 맞닥뜨리는 난제들에도 흔들림 없이 고요할 수 있다. 우리는 문제로부터 달아나는 대신, 문제들이란 우리의 육체적·정신적 안정을 시험하고, 우리를 더욱 강하게 만들어 주는 하나의 과정이라고 생각하게 된다.

마음모음은 우리 마음의 습관적이고 반사적인 도피 양상을 인식하고, 이 세상을 지금까지와는 다른 방식으로 살아 볼 수 있도록 도와준다. 그 방식이란 지금 이 순간 일어나고 있는 실제 사건, 즉 귀에 들려오는 소리, 살갗에 느껴지는 감촉, 눈에 들어오는 색깔과 모양에 의식을 집중하는 것이다. 마음모음은 우리의 마음을 차분하게 해 삶에서 예기치 않게 일어나는 많은 일에도 심하게 동요하지 않을 수 있도록 도와준다. 마음모음을 끈기를 가지고 꾸준히 연습한다면 삶에서 일어나는 모든 일을 흥미롭게 바라볼 수 있게 되며, 수많은 힘든 상황, 심지어는 자신의 죽음 속에서도 새로운 가르침을 발견하게 될 것이다.

3. 마음모음은 환경에 좋다

과거와 미래, 공상의 세계에서 끝없이 맴도는 마음의 습관적인 활동은 대부분 무의미할 뿐 아니라 파괴적이기까지 하다. 왜 그럴까? 그 이유는 그런 활동이란 환경에 해로운 땔감이 불을 때줄 때만 가능한 것이기 때문이다. 그 땔감은 바로 불안이다.

그렇다면 과연 불안과 환경이 무슨 상관이 있을까? 환경을 이야기할 때 우리는 보통 박테리아와 균류, 식물, 숲 속에 사는 동물 등 생물들이 맺는 물리적 관계에 대해서만 생각한다. 하지만 생태적 차원에서 볼 때 관계란 에너지 교환에 바탕을 두는 것이고, 불안 역시 에너지다.

어머니가 만성적인 불안에 시달리면 어머니의 피나 영양분, 호르몬을 통해 뱃속의 아기에게도 안 좋은 영향이 미치듯이 우리가 불안해할 때 이 에너지는 우리 안의 무수한 살아 있는 '존재들', 다시 말해 심장, 간, 장, 장에 사는 수백억 개의 박테리아, 피부 등에도 영향을 미친다. 불안과 두려움이 끼치는 부정적인 영향은 비단 몸에만 국한되는 것이 아니다. 우리가 느끼는 불안은 우리가 만나는 모든 존재에도 영향을 준다. 두려움은 전염성이 무척 강하기 때문에 가족이나 지역 사회, 나라 전체에도 순식간에 퍼질 수 있다.

마음모음에는 불안도 두려움도 없는 곳에서 마음을 쉬어 주는 일도 포함된다. 그런 장소에서 우리는 불안이나 두려움과는 정반대되는 것들, 즉 힘과 용기, 고요한 행복을 발견한다. 그 '장소'는 어디일까? 그것은 지리적인 특정 위치나 시간상의 특정 지점이 아니다. 그것은 바로 지금 이 순간이라는 흘러가는 시간과 공간이다. 불안에 땔감을 넣어 주는 것은 과거와 미래에 대한 생각들이다. 그런 생각들을 놓아 버릴 때 우리는 불안도 함께 놓아 버릴 수 있으며, 한층 편안해지게 된다.

그렇다면 그런 생각을 놓아 버리려면 어떻게 해야 할까? 마음의 '생각' 기능에서 에너지를 잠시 거두어들여 '알아차림' 기능으로 돌리면 된다. 이처럼 알아차림 상태로 의도적으로 전환하는 것이 바로 마음모음의 본질이다. 편안하되 깨어 있는 알아차림 상태는 자기 자신은 물론 타인들의 불안과 두려움에도 해독제가 된다. 이는 인간으로서 살아가는 동시에 환경에도 이득을 주는 방법이다. 주변의 기운을 더 좋게 바꾸기 때문이다.

4. 마음모음은 친밀감을 형성한다

우리의 근본적인 허기는 음식을 향한 것이 아니라 친밀감을 향한 것이다. 친밀감이 결여되어 있을 때 우리는 다른 사람들로부터 고립되어 있다고 느끼고, 자신이 이 세상에서 혼자이고 나약하며 사랑받지 못하는 존재라고 느낀다.

우리는 친밀감에 대한 갈망을 채우기 위해 습관적으로 다른 사람에게 눈길을 돌린다. 하지만 부모님이나 친구들이 늘 우리 곁에서 필요한 것을 채워 줄 수는 없다. 그런데 다행스럽게도 우리는 마음만 먹는다면 언제든 깊은 친밀감을 느껴 볼 수 있다. 우리가 해야 할 것은 단 하나, 방향을 돌려서 삶 쪽으로 한 발 내딛는 것이다. 물론 그러려면 용기가 필요하다. 의도적으로 감각을 다 열어서 우리의 몸과 마음 안에서 일어나는 일은 물론이고 우리 바깥에서 일어나는 일들에까지 의식적으로 깨어 있어야 하기 때문이다.

마음모음은 우리가 깨어 있을 수 있도록 도와주는 도구이며, 사실 알고 보면 그 방법은 믿을 수 없을 만큼 간단하다. 이는 우리가 깨어 있도록, 지금 이 순간에 현존하도록, 삶을 더욱 풍요롭게 살도록 도와주는 연습이다. 우리는 하루에도 수십 번 깨어 있지 않은 '무의식' 상태로 빠지고, 하루 중 상당 시간을 지금 이 순간에 현존하지 않은 채로 보내는데, 마음모음 연습은 우리의 그런 하루 안에 존재하는 간극들을 채울 수 있도록 도와준다. 이는 또한 우리 자신과 다른 사람들 사이에 존재하는 눈에 보이지 않는 담벼락, 그 답답한 간극을 좁힐 수 있도록 도와주는 연습이기도 하다.

5. 마음모음 상태에 있을 때 우리는 애쓰기를 그만두고, 두려움을 말끔히 털어버린다

마음모음 연습은 유쾌하지 않은 경험에 당면했을 때도 지금 이 순간에 현존해 있을 수 있도록 도와준다. 우리는 대개 자신이 편안하기 위해서 세상과 사람들을 바꿔 보려고 한다. 주변의 온도를 딱 맞게 맞추려고 하고, 조명을 마음에 꼭 들게 조절하려 하며, 집에서 나는 향기, 음식의 맛, 잠자리와 의자의 촉감, 벽지 색깔, 집 주변 풍경, 배우자나 애인, 자녀들, 친구들과 동료, 심지어 애완동물에 이르기까지 주변의 모든 것을 내 마음에 쏙 들게 만들려고 부단히도 많은 에너지를 쏟는다.

하지만 그렇게 노력해 본 사람이라면 누구나 알겠지만, 세상일이라는 것이 꼭 내 마음대로 돌아가지는 않는다. 곧 있으면 아이는 또다시 짜증을 낼 것이고, 저녁을 만들던 냄비는 눌어붙을 것이며, 보일러는 고장 날 것이고, 몸은 어딘가 병이 날 것이다. 하지만 지금 이 순간에 현존하면서 열려 있을 수 있다면, 심지어 편하게 느껴지지 않는 사람들과 상황도 두 팔 벌려 환영할 수 있다면, 그런 일들은 우리를 겁주어서 맞대응하거나 도망가게 만드는 그 힘을 잃고 말 것이다. 이처럼 지금 이 순간에 머무는 연습을 거듭하다 보면 우리에게는 인간들이 사는 세상에서는 무척 보기 드문 놀라운 힘이 생길 것이다. 끊임없이 바뀌는 주변 상황 속에서도 늘 행복할 수 있는 힘이 생기는 것이다.

6. 마음모음은 우리의 영성 생활을 더욱 풍요롭게 해준다

마음모음은 삶의 수많은 소소한 것들에 주의를 기울이게 한다. 이는 특히 주의를 집중하지 못하게 만드는 것들이 넘쳐 나는 현대 사회에서도 영적인 삶을 가꾸어 나가려는 사람들에게 무척 유용할 것이다. 스즈키 순류(鈴木俊降) 선사는 말했다.

"선(禪)은 기분 좋은 흥분감 같은 것이 아니라 매일의 일상에 대한 집중이다."

마음모음 연습은 우리의 의식을 이 몸으로, 이 순간으로, 이곳으로 되돌려 놓는다. 우리가 신이라 부르는 영원한 존재를 만날 수 있는 곳이 바로 그곳이다. 깨어 있을 때 우리는 저마다 자신에게 주어진 삶의 모든 순간을 음미하고 있는 것이다. 마음모음은 우리가 결코 되갚을 수 없는 삶이라는 선물에 대해 감사를 표현하는 한 방식이다. 마음모음은 그렇게 끊임없는 감사의 기도가 된다.

그리스도교 신비주의자들은 '끊임없는 기도의 삶'이라는 표현을 자주 사용한다. 이것이 무슨 뜻일까? 신은 고사하고 가족과 이야기할 시간조차 없는, 무작정 지름길만 찾으면서 총알같이 날아가는 자동차에 몸을 싣고 정신없이 살아가는 이 현대인들의 사회에서 그것이 어떻게 가능하단 말인가?

진정한 기도는 간청과 탄원이 아니라 그저 '듣는 것'이다. 그것도 깊은 경청이다. 깊이 들을 때 우리는 머릿속의 생각들이 들려주는 '소리'가 파괴적이라는 것을, 심지어 불쾌하기까지 하다는 것을 알게 된다. 생각들을 놓아 버리면 우리는 한층 깊은 내적 고요와 받아들임 속으로 들어가게 된다. 이 열린 침묵이 우리 중심에 자리를 잡고 곧 우리의 중심이 되고 나면 우리는 더 이상 저마다 언성을 높이는 무수한 내면의 목소리들 중에서 옥석을 가려내고 취하느라 혼란을 겪을 필요가 없어진다. 우리의 주의는 더 이상 안에서 벌어지는 감정의 대혼란에 얽혀들지 않는다. 우리는 더 이상 헤매지 않고 곧장 바깥으로 향한다. 그러고는 보이는 모든 것 속에서 신을 보고, 들리는 모든 소리 속에서 신을 들으며, 느껴지는 모든 감촉 속에서 신의 손길을 찾기 시작한다. 바깥에서 어떤 일들이 벌어지면 그에 적절하게 반응하고, 다시 내면의 침묵으로 돌아가 제자리를 잡는다. 이것이 신념으로 살아가는 삶이다. 바로 '한 마음(One Mind)'에 대한, 끊임없는 기도의 삶에 대한 신념에 바탕을 둔 삶이다.

일상의 한 가지 행위를 깨어 있는 마음으로 하고, 그다음에는 다른 행위로 하나씩 마음모음의 범위를 넓혀 갈 때, 우리는 직접 겪어 보기 전에는 결코 알 수 없는, 모든 순간 안에 담긴 신비에 눈뜨게 된다. 예상치 못한 일이 벌어질 때 그것을 기꺼이 받아들이고, 그에 대처할 수 있는 준비를 갖추게 된다. 우리는 순간순간 '위대한 현존(Great Presence)'이 우리에게 주는 모든 것을 순순히 받아들이게 된다. 찻잔을 쥐었을 때 손으로 전해지는 온기, 옷이 살갗을 스칠 때 느껴지는 무수히 많은 미묘한 감촉들, 떨어지는 빗방울이 만들어 내는 화려한 음악, 또 한 번 들이쉬는 숨. 매 순간의 살아 있는 진실에 오롯이 마음을 모을 수 있다면 우리는 끊임없는 기도의 삶이라는 문으로 들어서는 것이다.

마음모음에 대한 오해들

최근 마음모음이 큰 관심을 받고 있지만, 그와 관련해 몇 가지 오해도 있는 듯하다. 마음모음에 대한 첫 번째 오해는 마음모음 연습이란 뭔가에 대해 골똘히 생각하는 것이라고 보는 것이다. 마음모음 상태에서 마음의 생각하는 힘은 오로지 연습을 시작할 때('오늘 나의 자세에 깨어 있자'), 그리고 이 약속을 잊고 다른 데서 방황하는 마음을 연습으로 되돌릴 때('의식을 다시 자세에 두자')만 쓰인다. 하지만 일단 마음의 지시를 따라 각자가 정한 방법을 일상에 적용하는 과정이 시작되면 생각은 그저 놓아 버리게 된다. 생각하는 마음이 고요해져야만 우리는 넓은 의식 속으로 옮겨 가게 된다. 그때에야 비로소 우리는 몸에 단단히 뿌리를 박고 지금 이 순간에 깨어 현존할 수 있다.

두 번째 오해는 마음모음은 모든 것을 아주 천천히 하는 것이라고 생각하는 것이다. 중요한 것은 일을 어떤 속도로 하느냐가 아니다. 주어진 일을 천천히 처리하더라도 전혀 깨어 있지 않을 수도 있다. 사실 움직임이 더 빨라질수록 더 깨어 있는 경우가 많다. 실수를 피하고 싶은 마음이 자동적으로 들기 때문이다. 이 책에 실린 마음모음 연습법 중에는 천천히 해야 하는 것들도 있다. 예를 들어, '먹을 때 깨어 있기' 연습이 그렇다. 또 '심호흡 세 번 하면서 마음 고르기' 같은 연습처럼 잠시 속도를 늦춰야 하는 것들, 일상을 시작하기 전에 몸과 마음을 하나로 모아 주는 연습들도 있다. 하지만 어떤 속도로 하든 상관없는 연습도 많이 있다. '발바닥 느껴 보기' 같은 연습이 그렇다.

세 번째 흔히 하는 오해는 마음모음을 가령 '30분 좌선 명상'처럼 시간 제한이 있는 연습 프로그램이라고 생각하는 것이다. 마음모음은 우리 삶의 모든 활동으로 범위를 넓힐 수 있는 매우 실용적인 도구다. 마음모음은 아침에 일어날 때, 이를 닦을 때, 문을 열고 나갈 때, 전화를 받을 때, 상대방의 이야기를 들을 때 등 일상의 평범한 활동들에 고양된 의식과 호기심을 가져다주고, 그 의미를 재발견하는 신선한 감각을 선물해 준다.

이 책은 일상생활 속에서 마음모음을 경험할 수 있는 아주 다양한 방법을 소개한다. 이를 '마음모음 연습'이라고 부르기로 하자. 또는 마음모음의 '씨앗'이라고 생각해도 좋다. 삶의 곳곳에 마음모음의 씨앗을 뿌리고 보살피면서 날마다 씨앗이 어떻게 자라나고 결실을 맺는지를 직접 눈으로 확인할 수 있을 것이다.

각 연습은 총 다섯 부분으로 이루어져 있다. 우선 어떻게 연습하면 되는지 연습법을 설명해 놓았다. 그다음에는 하루 혹은 한 주 동안 해당 연습법을 스스로에게 상기시킬 수 있는 좋은 방법들을 소개했다. 그 뒤에는 '길잡이'라는 부분이 이어지는데, 다른 사람들이 마음모음 연습을 하면서 얻은 깨달음과 연습 중 어려웠던 점 등을 소개했고, 관련된 연구 결과가 있으면 그 역시 실었다. 그다음 '한 걸음 더'라는 부분에서는 해당 연습법과 관련 있는 더 큰 삶의 주제와 통찰들을 다루었다. 각 연습법은 창문과 같아서 깨어 있는 삶이 어떤 모습인지 잠깐이나마 엿볼 수 있는 기회를 줄 것이다. 마지막 '이 한마디' 부분에는 해당 연습법의 핵심 또는 이 여정을 계속해 나갈 수 있도록 영감을 주는 말을 실었다.

이 책을 활용하는 가장 좋은 방법은 한 주를 시작할 때 딱 하나의 연습법과 연습을 상기시키는 조언만 읽는 것이다. 뒷장으로 미리 넘어가지 마라. 그리고 해당 연습을 잘 기억하기 위해 연습을 상기시키는 단어나 그림을 하루 중 많은 시간을 보내는 곳에 붙여 놓는다. 한 주의 중간쯤에는 해당 연습법의 '길잡이' 부분을 읽으면서 이 연습을 실천하는 동안 다른 사람들은 어떤 경험을 하고 깨달음을 얻었는지 살펴본다. 다른 사람들의 경험을 읽으면서 이 연습법에 대한 당신의 접근법도 달라질 수 있다. 한 주가 끝날 때는 다음 연습법으로 넘어가기 전에 '한 걸음 더' 부분을 읽어 본다.

선원에서 우리가 하는 방식대로 해보고 싶은 독자도 있을 것이다. 우리는 첫 번째 마음모음 연습부터 시작해서 한 주에 하나씩 연습하면서 1년 동안 순서대로 앞으로 나아간다. 매주 월요일에 새로운 연습법을 시작하고, 그 주 일요일에 해당 연습법에 관한 장을 모두 읽거나 자신의 경험에 대해 일기를 쓰는 것도 좋은 방법이다. 순서에 상관없이 그 주 당신의 삶의 상황에 맞는 특정 연습법이나 주제를 택할 수도 있다. 간혹 한 연습법이 계속 깨달음을 주거나, 그 연습법을 더 깊이 연습해 보고 싶은 경우, 한 연습법을 2~3주 동안 계속할 수도 있다.

우리 선원에서 하듯이 여러 사람과 같이 하면 더욱 재미있는 연습이 될 수 있다. 마음모음 연습 모임을 만들어 한 주나 두 주 동안 실천할 연습법을 정하고, 각자 연습해 본 후 나중에 만나서 그동안 배운 것을 나누어 보라. 매주 한 번씩 모여 토론을 하다 보면 웃음이 끊이지 않는다. 자신의 '실패'를 가볍게 받아들일 줄 아는 것이 무척 중요하다. 사람들은 저마다 연습 과정에서 다양한 경험과 깨달음을 얻으며, 함께 나눌 실패담도 각양 각색이기 마련이다.

우리 선원에서는 약 20년 전부터 매주 새로운 마음모음 연습을 채택해 공동 연습을 하고 있다. 이 아이디어는 게오르게 이바노비치 구르지예프(George Ivanovich Gurdjieff)의 가르침을 따르는 공동체에서 살았던 한 남자에게서 나온 것이다. 그는 해당 연습에 숙련되어 있는지 아닌지는 중요하지 않다고 말했다. 때로는 연습을 했을 때보다 하지 않았을 때 더 많은 것을 배울 수도 있다. 왜 내가 이 연습을 하지 않았는지 자신을 돌아보게 되기 때문이다. 연습을 하지 않은 이유는 무엇인가? 게으름인가, 오랜 반감인가? 아니면 그저 잊어버린 것인가? 이 모든 연습은 더욱 깨어 있는 의식으로 살기 위한 것이다. 구르지예프는 이를 '자기 기억'이라고 칭했다. 불교에서는 이를 '우리의 진아(眞我)에 깨어나는 것'이라고 부른다. 이는 마음이 만들어 내는 공상의 세계가 아니라 우리 삶의 참모습에 깨어나는 것이다.

해당 연습 기억하는 법

오랜 세월 수련을 해오면서 우리는 마음모음 연습에서 가장 어려운 부분은 연습을 하기로 했다는 것을 기억해 내는 것이라는 사실을 알게 되었다. 그래서 우리는 한 주 동안 실천하기로 한 연습법을 스스로에게 상기시키는 다양한 방법을 고안해 냈다. 때로는 선원에서 쉽게 눈에 띌만한 곳에 단어나 작은 그림을 붙여 놓기도 한다. 샴발라 출판사 웹사이트(www.shambhala.com/howtotrain)에 들어가면 벽에 붙여 놓을 수 있는 간단한 쪽지

를 출력할 수 있으니 이를 활용해도 좋고 (이 책 부록에도 실었다. 278쪽 참조), 창의
성을 발휘하여 자신만의 기억하는 방법을 만들어 내는 것도 좋다.

마음모음 연습 공책

마음모음 연습을 통해 많은 효과를 보기 위해서는 각 연습법을 실천하
면서 경험하고 배운 것을 공책에 적어 보는 것이 좋다. 몇몇이 모임을 만들
어 이 연습법을 실천하고 있다면 함께 모이는 자리에 마음모음 연습 공책
을 갖고 가라. 그러면 연습하며 새로이 알게 된 것들과 당면했던 어려움들
을 더 잘 이야기할 수 있다. 때로는 이 공책을 책상에 놓아두는 것만으로도
연습을 하기로 했다는 사실을 상기시켜 주는 좋은 도구가 된다.

연습은 계속된다

한 주간 마음모음 연습을 열심히 실천한 후 그 마음모음 기술이 몸에
익어서 우리의 일부가 되고, 그렇게 우리의 마음모음 능력이 점점 더 향상
되면 좋겠지만, 우리는 사람인지라 다시 예전의 행동과 무의식적인 습관
으로 돌아가곤 한다. 그렇기 때문에 우리 선원에서는 이 마음모음 연습을
20여 년간 계속하고 있으며, 심지어 새로운 연습법을 만들어 내기까지 하
는 것이다. 이것이 마음모음과 깨어 있음의 길에서 가장 매력적인 부분이
아닌가 싶다. 바로 끝이 없다는 것!

차례

How To Train a Wild Elephant
And Other Adventures in Mindfulness

- 들어가며 _4
- 마음모음이란 무엇이고, 왜 중요한가? _6
- 마음모음의 좋은 점 _10
- 마음모음에 대한 오해들 _22
- 이 책을 활용하는 법 _24

1. 쓰지 않던 손 사용하기 _33
2. 흔적 남기지 않기 _37
3. 의미 없는 말 살펴보기 _41
4. 손 인식하기 _46
5. 먹을 때는 오로지 먹기만 _50
6. 진정한 칭찬 _55
7. 자세에 깨어 있기 _61
8. 하루를 마칠 때 감사하기 _66
9. 소리에 귀 기울이기 _70
10. 전화벨이 울릴 때 _74
11. 사랑의 손길 _79
12. 기다리기 _84

13. 대중 매체 단식 _ 89

14. 사랑의 눈길 보내기 _ 93

15. 비밀스러운 선행 _ 98

16. 세 번의 심호흡 _ 102

17. 새로운 공간으로 들어설 때 _ 107

18. 나무 눈여겨보기 _ 111

19. 손 쉬어 주기 _ 116

20. "네"라고 말하기 _ 120

21. 파란색 찾아보기 _ 124

22. 발바닥 느껴 보기 _ 128

23. 텅 빈 공간 인식하기 _ 132

24. 한 번에 한입씩 _ 136

25. 욕구는 끝이 없다 _ 140

26. 고통 관찰하기 _ 144

27. 우스꽝스럽게 걷기 _ 149

28. 물에 깨어 있기 _ 153

29. 고개를 들어 보면 _ 157

30. 정의하기와 방어하기 _ 161

31. 냄새 알아차리기 _ 165

32. 이 사람이 오늘 밤 죽는다면 _ 171

33. 냉정과 열정 사이 _ 175

34. 발밑의 대지 느끼기 _ 181

35. 싫어하는 것 알아차리기 _ 185

36. 진짜로 보고 있나요? _189

37. 바람 느껴 보기 _194

38. 스펀지처럼 듣기 _198

39. 감사하기 _202

40. 노화의 신호 알아차리기 _206

41. 제시간 맞추기 _211

42. 미루는 버릇 알아차리기 _217

43. 혀의 감각 느껴 보기 _222

44. 조바심 알아차리기 _226

45. 불안감 깨닫기 _231

46. 운전할 때 깨어 있기 _236

47. 음식 깊이 보기 _240

48. 빛 인식하기 _245

49. 위가 보내는 신호 알아차리기 _250

50. 중심에 깨어 있기 _255

51. 몸을 향한 자애 _260

52. 미소 보내기 _264

53. 주변을 처음보다 더 좋은 상태로 만들고 떠나기 _269

• **좌선 명상을 시작하는 사람들을 위하여** _274

• **부록 : 연습법을 기억하는 카드** _278

How To Train a Wild Elephant

And Other Adventures in Mindfulness

Chapter

쓰지 않던 손
사용하기

• 연습법

매일 일상적으로 하는 일에 쓰지 않던 손을 사용해 본다. 이를 닦을 때, 머리를 빗을 때, 또는 식사 중 잠깐이라도 안 쓰던 손을 사용해 보는 것이다. 좀 더 어려운 단계에 도전할 준비가 되었다면 쓰지 않던 손으로 글씨를 써보거나 젓가락질을 해보자.

한 주간 기억하는 방법

이 연습법을 기억하는 가장 좋은 방법은 원래 쓰는 손에 반창고를 붙이는 것이다. 일을 하다가 반창고가 눈에 들어오면 얼른 손을 바꿔서 쓰지 않던 손을 사용해 보라. 또는 욕실 거울에 '왼손(오른손잡이라면)'이라고 쓴 작은 종이를 붙여 놓거나 손 모양으로 오린 종이를 거울이나 냉장고, 책상

등 눈에 잘 띄는 곳에 붙여 놓아도 좋다. 이를 닦을 때 안 쓰던 손으로 칫솔질할 수 있도록 칫솔 손잡이에 테이프나 스티커를 붙여 놓는 방법도 있다.

길잡이

이 연습을 하다 보면 늘 웃음이 터져 나온다. 안 쓰던 손을 쓰면 뭐든 무척 서투르다는 것을 알게 되는 것이다. 이 연습을 통해 우리는 선사들이 '초심(初心)'이라고 칭한 상태로 돌아간다. 우리가 흔히 쓰는 손이 마흔 살 정도 되었다면 안 쓰던 손은 그보다 훨씬 어려서 아마 두세 살 정도 되지 않을까 싶다. 우리는 포크를 잡는 법, 입가를 찌르지 않고 무사히 포크를 입 안으로 가져가는 법 따위를 처음부터 다시 배워야 한다. 안 쓰던 손을 사용할 때 칫솔질이나 포크 손놀림은 아주 서투를 것이며, 잠시만 방심해도 원래 쓰던 손이 칫솔이나 포크를 낚아챌 것이다. "야, 이 바보야, 내가 할게, 이리 줘!"라고 말하는 무서운 큰언니처럼 말이다.

안 쓰던 손을 쓰느라 애쓰다 보면 장애가 있거나 부상을 당해서, 혹은 뇌졸중이 와서 손놀림이 서툴고 미숙한 사람들의 입장을 좀 더 이해할 수 있게 된다. 그런 상황에 처한 많은 사람이 누리지 못하는 이 간단한 움직임을 우리는 얼마나 당연하게 받아들이고 있는지 단번에 느끼게 되는 것이다. 쓰지 않던 손으로 하는 젓가락질은 사람을 겸손해지게 한다. 음식을 여기저기 흘리지 않고 한 시간 안에 식사를 마치려면 상당한 주의를 기울여야 할 것이다.

 내 안의 성난 코끼리 길들이기

이 연습을 통해서 우리는 우리의 무의식적인 습관이 얼마나 강력한지, 그리고 알아차림과 단호한 결심이 아니고서는 그것을 바꾸기가 얼마나 어려운지 실감하게 될 것이다. 이 연습은 식사를 포함해 우리가 하루에도 몇 번씩 반복하는, 그러나 반쯤만 깨어 있는 채로 하는 경우가 많은 모든 행동에 초심자의 마음을 갖도록 도와준다.

안 쓰던 손을 쓰는 연습은 우리의 인내심이 어느 정도인지 고스란히 보여 준다. 이 연습을 통해 우리는 더욱 유연해질 수 있고, 새로운 기술을 배우기에 우리가 아직 그렇게 늙지 않았다는 것을 깨달을 수도 있다. 안 쓰던 손을 쓰는 연습을 자주 하다 보면 안 쓰던 손의 기술도 점점 향상되는 것을 볼 수 있다. 나는 왼손 쓰기를 몇 년째 연습하고 있는데, 이제는 어떤 손이 내가 원래 쓰던 손인지 잊어버릴 지경이 되었다. 이는 실질적으로도 매우 유용한 연습법이다. 우리 가족 몇 명이 그랬듯이 나도 언젠가 뇌졸중을 겪어 오른손을 못 쓰게 된다면 나는 적어도 손을 쓰지 못해 무력한 상태가 되지는 않을 것이다.

새로운 기술을 익힐 때 우리는 우리 안에 잠들어 있는 능력들이 무척 많다는 것을 깨닫는다. 이는 우리에게 연습을 한다면 여러 방면에서 스스로를 더욱 재주 많은 존재로, 더 유연하고 자유로운 존재로 바꿀 수 있다는 자신감을 심어 준다. 노력을 기울일 준비만 되어 있다면, 우리는 우리 안의 자연스러운 지혜에서 우러나는 기술들을 일깨워서 그것을 일상의 삶 속에서 활용할 수 있게 될 것이다.

스즈키 선사는 말했다.

“초심자의 마음 안에는 많은 가능성이 들어 있고, 전문가의 마음 안에
는 서너 가지 가능성이 들어 있다.”

마음모음 연습을 통해 우리는 지금 이 순간이라는 위대한 탄생의 장소
에서 늘 솟아 나오는 무한한 가능성으로 계속해서 돌아갈 수 있다.

| 이 한마디

자신의 삶에서 무수한 잠재력을 꽃피우고 싶다면 모든 상황에서 초심자
가 되어라.

Chapter

흔적
남기지않기

• 연습법

집 안의 방 하나를 정해서 한 주 동안 그 공간을 사용한 흔적을 전혀 남기지 않는 연습을 해본다. 많은 사람이 주방이나 욕실이 가장 연습하기 좋았다고 말한다. 요리를 하거나 샤워를 하는 등 해당 공간을 사용했을 때 음식 냄새나 비누 향기를 제외하고는 당신이 그곳에 있었다는 흔적이 조금도 남지 않도록 깨끗이 정돈해 보자.

한 주간 기억하는 방법

이 연습을 하기로 선택한 공간에 '흔적 남기지 않기'라고 적은 종이를 붙여 놓는다. 선화(禪畫)에 등장하는 거북은 흔적 남기지 않기 연습의 상징이다. 거북은 기어가는 동안 꼬리로 모랫바닥에 남은 제 발자국을 지워 버리기 때문이다. 기억을 일깨워 줄 물건으로 글씨를 적은 종이 대신 작은 거북 그림을 사용해도 좋다.

길잡이

우리는 어떤 장소를 사용하고 나올 때 그곳을 사용하기 전보다 지저분하게 만들어 놓고 나오는 경우가 많다. 우리는 '나중에 치워야지'라고 생각한다. 그러나 그 '나중'은 절대로 오지 않으며, 결국 어느 순간 그 더러움을 참을 수 없을 지경이 되어 짜증스러운 마음으로 팔을 걷어붙이고 대청소에 나서게 된다. 아니면 맡은 집안일을 하지 않는다고 식구들에게 화를 낸다. 주변을 바로바로 정돈한다면 일은 얼마나 쉬워지겠는가? 그렇다면 우리는 점점 더러워져 가는 공간을 보면서 짜증을 키울 필요가 없을 것이다.

이 연습은 하루 중 언제라도 할 수 있지만 왠지 하고 싶은 마음이 들지 않는 소소한 일들을 포함하여 주어진 일을 미루는 경향을 인식할 수 있도록 도와준다. 우리는 길을 걸어갈 때 바닥에 떨어진 쓰레기를 주울 수 있고, 욕실에서 쓰레기통에 제대로 들어가지 않은 휴지를 주울 수 있다. 소파에 앉았다가 일어나면서 흐트러진 쿠션을 정돈할 수 있고, 커피잔을 개수대에 그냥 집어넣는 대신 바로 씻을 수 있으며, 내일 다시 쓸 것이라고 해도 지금 당장은 사용한 연장을 제자리에 갖다 놓을 수 있다.

자신이 사용한 공간에 흔적을 남기지 않으려고 마음을 집중하는 연습은 삶의 다른 영역에까지 자연스럽게 퍼져 나간다. 나는 식사 뒤에 바로 설거지를 하면서부터 잠자리에서 일어나 바로 이불을 개는 습관이 생겼고, 이는 샤워 후 배수구에 남은 머리카락을 곧바로 치우는 행동으로 이어졌

내 안의 성난 코끼리 길들이기

다. 이런 연습은 처음에는 에너지를 끌어모아야 가능하지만, 그다음부터는 에너지가 더 많은 에너지를 저절로 불러들여 다른 영역의 일들까지 한층 수월하게 해낼 수 있게 해준다.

| 한 걸음 더

이 연습은 우리의 게을러지기 쉬운 성향을 잘 드러내 준다. '게으르다'라는 말은 비판이 아니라 어떤 상태의 묘사다. 오롯이 깨어 살지 않는다면 우리는 우리가 어질러 놓은 것을 다른 사람들이 치우게끔 남겨 놓기 쉽다. 설거지를 하고 그릇을 찬장에 넣어 두지 않거나, 일상생활이 바쁘다는 이유로 명상이나 기도를 빼먹는 일이 얼마나 자주 일어나는가?

이 연습은 또한 온종일 우리의 삶을 가능하게 해주는 사소한 것들, 즉 음식을 먹을 수 있게 해주는 수저, 우리를 따뜻하게 해주는 옷, 우리를 지켜 주는 집 등 수많은 작은 것들에 의식을 돌릴 수 있도록 도와준다. 깨어 있는 마음으로 그릇을 씻고, 말 리고, 바닥을 닦고, 수건을 접고, 물건들을 제자리에 둘 때, 그것은 그 물건들의 말 없는 봉사에 대한 감사의 표현이 된다.

도겐(道元) 선사는 그의 선원의 요리사들에게 특별 지시를 내렸다.

"젓가락, 국자, 그 밖의 모든 주방용품을 청결하게 유지하시게. 그것들을 깨어 있는 마음으로 부드럽게 다루고, 모든 것을 원래 있던 자리에 가져다 놓으시게."

더러운 것을 씻고 흐트러진 것들을 정돈하다 보면 우리 안에 만족감이 찾아든다. 일회용 접시가 되었건 고급 접시가 되었건 우리에게 봉사하는 모든 것을 부드럽게 대하는 일도 그렇다. 주변의 공간과 물건을 깨끗하게 정리 정돈할 때 우리의 마음은 더 깨끗해지고, 삶은 덜 복잡해진다.

한 친구가 늙은 이모님의 집에서 어마어마하게 많은 오래된 옷가지며 유통기한이 한참 지난 약, 쓰레기 따위를 청소해 준 일에 대해 말해 준 적이 있다. 그는 이렇게 말했다.

"처음에 이모님은 걱정스러워하시는 것 같았지만 이내 편안해지시더군. 그러고는 우리가 짐 꾸러미 하나를 가지고 나갈 때마다 1년씩은 젊어지시는 것 같았어."

흔적을 남기지 않는 일에서 얻는 이러한 만족감과 기쁨은 우리가 이 세상에 올 때보다 세상을 적어도 더 나쁘게 만들고 떠나고 싶지는 않다는, 희망컨대 조금이라도 더 좋은 곳으로 만들고 떠나고 싶다는 우리의 깊은 속마음을 반영해 주는 것이기도 하다. 이상적으로 말한다면, 우리가 남기는 유일한 흔적은 우리가 다른 이들을 사랑하고, 영감을 주고, 가르침을 주고, 그들에게 봉사한 그 경험이 되지 않을까? 이것이 앞으로 남을 사람들에게 우리가 줄 수 있는 가장 긍정적인 영향일 것이다.

❘ 이 한마디

우선 흔적을 남기지 않는 연습을 하라. 그리고 그다음에는 처음에 봤던 상태보다 더 좋게 만드는 연습을 해보라.

 내 안의 성난 코끼리 길들이기

Chapter 3

의미 없는 말 살펴보기

● **연습법**

대화 중에 침묵을 '메우기' 위해서 의미 없이 하는 말들을 알아차리고, 그런 말을 하지 않는 연습을 해본다. 즉, 전달하고자 하는 말에 아무런 의미도 더해 주지 않는 말들, 예를 들어 '음', '아', '그러니까', '그게', '말하자면', '있 잖아', '일종의', '그런 거' 따위의 말을 가리킨다. 이런 식의 무의미한 말은 시 간이 가면서 추가적으로 생겨나기도 한다. 최근에는 '아무튼', '원래는' 따위 의 말이 생겨난 듯하다.

쓸데없이 입버릇처럼 사용하는 말들을 제거하는 연습을 하면서 가능하다 면 왜 그런 말을 쓰는지 그 이유도 알아차려 보자. 어떤 상황에서, 어떤 목적으 로 그런 말을 사용하는가?

처음에는 자신이 이런 무의미한 표현을 쓰고 있는지 알아차리는 것 자체가 어려운 일일 것이다. 자신이 무의식적으로 어떤 표현을 사용하는지 알기 위해서는 친구나 가족의 도움을 받아야 할지도 모른다. 자녀들에게 부탁하면 아이들은 부모가 쓸데없이 쓰는 무의미한 단어들을 신이 나서 지적하고 고쳐 줄 것이다. 당신이 그런 단어를 사용할 때마다 손을 들어서 알려 달라고 아이들에게 부탁해 보라. 처음에는 아이들의 손이 수시로 올라갔다 내려가는 것을 보면서 짜증이 날지도 모른다. 또한 이 버릇은 무척이나 무의식적인 것이기 때문에 방금 자신이 어떤 말을 썼느냐고 아이들에게 물어봐야 할 수도 있다.

자신의 말을 녹음해 보는 것도 자신이 어떤 무의미한 표현을 얼마나 자주 사용하는지 알아차릴 수 있는 좋은 방법 중 하나다. 같은 방을 쓰는 룸메이트나 배우자, 자녀에게 휴대전화나 비디오카메라로 대화 내용이나 통화 내용을 녹음해 달라고 부탁하라. 그것을 반복해 들으면서 자신이 사용하는 무의미한 말들이나 그 빈도수를 일람표로 만들 수도 있다.

▌길잡이

이 연습은 마음모음 수련 중에서도 단연 고난이도 연습에 속한다. 자신의 입에서 무의미한 말이 튀어나오는 것을 듣는 것, 그리고 그런 말이 입 밖으로 나오기 전에 알아채는 것은 말하기 훈련이 잘되어 있는 사람이 아닌 이상 여간 어려운 일이 아니다. 토스트마스터즈(Toastmasters, 대중연설을 훈련하는 집단_옮긴이)라는 단체에서는 대화 도중 쓸데없는 단어를 사용한 횟수를 적는 사람들이 따로 있다. 모임의 회원들이 유능한 강연자가 되는 법을 배울 수 있도록 그렇게 도와주는 것이다. 습관적으로 쓰는 무의미한 말에 일단 귀를 기울이기 시작하면 당신은 그런 말을 라디오나 텔레비전을 비롯해 일상의 모든 대화에서 듣게 될 것이다. 보통 10대들은 '그러니까'라는 단어를 1년에 20만 번 쓴다고 한다. 또한 습관적으로 무의미한 단어를 사용하지 않는 강연자가 한층 눈에 잘 들어오게 되고, 그런 단어를 사용하지 않음으로써 강연이 얼마나 더 능률적이고 강렬해지는지 절감하게 될 것이다. 마틴 루터 킹(Martin Luther King) 목사나 달라이 라마(Dalai Lama), 버락 오바마(Barack Obama) 대통령의 연설을 들으면서 그들이 무의미한 단어를 쓰는지 쓰지 않는지 귀 기울여 보라.

습관적으로 쓰는 무의미한 말들에는 몇 가지 기능이 있는 것 같다. 그런 말들은 당신이 말을 시작하려고 한다거나 아직 말이 끝나지 않았다는 것을 상대에게 알려 주어 말할 시간을 확보하는 역할을 한다.

"그래서…… 내가 그의 아이디어에 대해서 어떻게 생각하는지를 그에게 말했지. 그러고 나서, 음, 그러니까, 있잖아……."

또 우리가 말하는 내용이 너무 단정적이거나 강하지 않도록 완화해 주는 역할도 한다.

"그러니까 말이야, 나는, 있잖아, 우리가, 사실은, 말하자면 이 프로젝트를 계속 진행해야 한다고 생각해."

우리는 상대에게서 어떤 반응이 나올지, 행여 말실수라도 하지는 않을지 겁내는 것일까? 우리는 적어도 그렇게 우유부단하게 말하는 대통령이나 의사는 바라지 않을 것이다. 무의미하게 채워 넣는 낱말들은 말의 의미를 희석해 결국은 그 말의 진정성을 떨어뜨리기 때문에 듣는 사람에게 방해가 될 수 있다.

"예수님은, 말하자면, 이렇게 말씀하셨다. 너의, 그러니까, 너의 이웃을 사랑하라. 그게, 여하간, 네 몸처럼."

| 한 걸음 더

무의미한 말들을 채워 넣는 경향은 최근 50년 사이에 급증했다. 학교에서 정확한 말하기와 웅변술, 좋은 토론 기술을 잘 가르쳐 주지 않기 때문일까? 아니면 다문화적이고 진실은 상대적인 것이라 여겨지는 현대 사회에 살기 때문에 일부러 덜 단정적인 방식으로 이야기하게 된 것일까? 우리가 한 말이 정치적으로 올바르지 않거나, 듣는 사람들로부터 강렬한 반응을 이끌어 낼까 봐 두려운 것일까? 혹시 도덕적 상대주의라는 늪으로 빠져들어 가고 있는 것은 아닐까? 이러한 세태가 계속된다면 우리는 어느 날 이렇게 말하고 있을지도 모른다.

"도둑질은 말하자면, 그러니까, 아무튼, 나쁘다."

마음 상태가 깨끗할 때 우리는 다른 사람을 불쾌하게 만들지 않고도 군더더기 없이 정확하게 말할 수 있다.

이와 같은 마음모음 연습은 우리의 무의식적인 행동이 얼마나 굳어져 있으며, 그것을 바꾸기가 얼마나 어려운지를 보여 준다. 무의미한 낱말을 채워 넣는 것과 같은 무의식적인 습관은 말 그대로 의식되지 않은 상태에서 반복되는 것이다. 그리고 의식되지 않은 채로 남아 있는 한 그런 습관을 바꾼다는 것은 불가능하다. 무의식적인 행동 습관을 알아차려 선명하

 내 안의 성난 코끼리 길들이기

게 인식할 때만 우리는 그런 행동을 수정할 여지를 마련할 수 있다. 그렇게 되었다 할지라도 몸에 깊이 밴 행동을 고친다는 것은 결코 녹록한 일이 아니다. 원하지 않는 습관을 바꾸기 위해 적극적으로 노력한다 할지라도 잠시 노력을 멈추는 순간 습관은 재빨리 돌아온다. 우리 스스로를 바꾸고, 우리의 잠재력을 깨닫고 싶다면 부드러운 태도와 단호한 결심, 꾸준하고도 지속적인 연습이 필요하다.

이 한마디

"자네들 모두 입을 열기 전까지는 깨달은 자인 줄만 알았네." — 스즈키 선사

손
인식하기

• **연습법**

하루 중 여러 차례, 바쁘게 손을 움직이고 있을 때 마치 남의 손을 보듯 자신의 손을 바라본다. 아무것도 하지 않고 가만히 있을 때의 손도 관찰해 보자.

한 주간 기억하는 방법

'여기를 보세요'라고 손등에 적는다. 하는 일의 특성상 이렇게 할 수 없는 경우라면 평소에는 끼지 않던 반지를 낀다. 만일 수술실에서 일한다거나 하여 반지를 낄 수 없는 경우라면 손을 씻는 동안이나 수술용 장갑을 끼고 있는 시간을 자신의 손을 타인의 손처럼 인식하는 연습 시간으로 삼는다.

평소에 매니큐어를 칠하지 않는 사람이라면 손을 바라보라는 의미로 한 주 동안만 매니큐어를 칠해 본다. 평소에 매니큐어를 칠하는 사람이라면 그동안 해보지 않은 독특한 색깔을 칠할 수도 있다.

길잡이

손은 온갖 일을 하는 데 매우 능숙해서 마음이 특별한 지시를 내리지 않아도 스스로 많은 일을 처리한다. 자기만의 삶을 바쁘게 살고 있는, 일하고 있는 손을 바라보고 있으면 매우 재미있다. 손은 정말이지 할 줄 아는 게 많다. 두 손은 함께 일하기도 하고, 동시에 각기 다른 일을 하기도 한다.

이 연습을 하는 동안 우리는 사람들이 저마다 자신만의 독특한 손짓을 갖고 있다는 것을 발견하게 되었다. 우리가 말할 때 손은 거의 자발적으로 갖가지 손짓을 하며 움직인다. 손은 나이를 먹으면서 점점 바뀌어 간다. 손을 보면서 당신이 아기였을 때 손이 어땠을지 상상해 보라. 그리고 점점 나이 들어 가면서 손이 어떻게 변해 왔는지 상상해 보라. 그 과정을 지나 현재의 상태에 이른 것이다. 그다음에는 지금보다 더 나이가 들었을 때의 손의 모습을, 그리고 마침내 당신이 죽을 때 생명을 잃어 가는 손의 모습을, 마지막으로 땅속으로 돌아가 해체되는 손의 모습을 상상해 보라.

손은 심지어 우리가 잠들어 있을 때도 이불을 끌어당기고, 옆에 있는 사람의 몸을 끌어안고, 알람시계를 끄기도 하면서 우리를 돌봐 준다.

한 걸음 더

우리는 늘 보살핌을 받고 있다. 어떤 선승들은 우리가 미처 알아차리지 못할 때도 몸이 우리를 쉬지 않고 보살피는 것이 우리 안의 타고난 선(善)과 지혜, 즉 우리의 '본성(Original Nature)'이 쉬지 않고 우리를 돌봐 주는 예라고 말한다. 눈은 우리가 날카로운 소리를 감지하기도 전에 깜빡인다. 손은 우리가 열을 인식하기도 전에 불에서부터 물러나고, 뭔가가 떨어지고 있다는 것을 우리 머리가 알아차리기도 전에 그것을 잡으려고 앞으로 뻗어 나간다. 오른손과 왼손은 각각 일의 절반씩을 맡아서 함께 일한다. 접시를 닦을 때, 한 손은 접시를 잡고, 다른 손은 행주를 잡는다. 칼질을 할 때, 한 손은 채소를 붙잡고, 다른 손은 칼로 채소를 썬다. 손을 씻을 때도 두 손은 서로를 돕는다.

자비의 보살, 관음보살에 대한 공안(선불교의 참선 수행을 위한 이야기_옮긴이)이 하나 있다. 관음보살은 눈과 손이 천 개나 되는 것으로 자주 묘사되는데, 그 눈으로 모든 중생이 무엇을 원하는지를 보며, 각 손에 모든 중생에게 필요한 것들을 들고 있다고 한다. 때로는 천 개의 손바닥 안에 눈이 하나씩 있는 것으로 묘사되기도 한다. 이야기는 다음과 같다.

> 어느 날 웅안 스님이 스승인 도고 스님에게 물었다.
> "관음보살은 그 많은 눈과 손을 어떻게 다 씁니까?"
> 도고 스님이 대답했다.
> "한밤중 깊이 잠든 사람의 뒤통수가 알아서 베개를 찾아가는 것과 같다네."

현악기를 만드는 내 친구는 이 이야기를 대번에 알아들었다. 그는 눈으로 보이지 않는 기타의 몸통 안쪽을 작업하면서 손에도 눈이 있다는 것을 깨달았다고 말했다. 손은 손가락들이 만지고 있는 표면을 아주 섬세하게 '볼' 수 있으며, 그래서 어둠 속에서도 작업을 할 수 있다고 한다. 마치 잠자는 사람의 손이 자신의 베개를 '보고' 자연스럽게 뻗어 나가 베개를 끌어당기듯이 그 친구의 손과 내면의 눈이 아름답게 협력하는 것이다. 선불교에서는 머리가 훼방 놓지 않을 때 우리 내면의 지혜와 자비가 함께 협력하는 방식이 바로 이와 같다고 말한다.

모든 존재가 하나임을 분명히 볼 수 있을 때 우리는 모든 것이 마치 눈과 손처럼 함께 일한다는 것을 알게 된다. 우리의 손이 우리의 눈을 찌르려 하지 않듯이 우리의 자연스러운 본성은 자신은 물론 다른 누구도 해칠 마음을 품고 있지 않다.

이 한마디

두 손은 조금도 힘들이지 않고 협동하면서 수많은 놀라운 일들을 이루어 내고, 그러면서도 서로를 조금도 해하지 않는다. 사람 둘이 만나도 이렇게 될 수 있을까?

Chapter 5

먹을 때는
오로지 먹기만

• 연습법

이번 한 주, 뭔가를 먹거나 마실 때 다른 행위는 일체 하지 말아 본다. 가만히 앉아서 지금 입으로 들어가고 있는 것을 음미하는 시간을 가져 보자. 먹거나 마실 때 모든 감각을 열어 놓는다. 색깔과 모양, 표면의 질감을 바라보고, 향기와 풍미를 깨어서 느껴 본다. 먹고 마실 때 나는 소리도 귀 기울여 들어 본다.

| 한 주간 기억하는 방법

식탁에 '오로지 먹기만'이라고 적은 종이를 붙여 놓는다. 간식을 자주 먹는 장소나 먹는 동안 당신의 주의를 앗아 가는 물건들에도 이 종이를 붙여 놓는다. 예를 들어, 컴퓨터나 텔레비전 위에 '먹는 중'이라고 쓰고 그 위에 길게 가위표를 그은 종이를 붙여 놓는다. 먹는 동안에는 그런 기기를 사용하지 않겠다는 표시다.

▎**길잡이**

많은 사람에게 이 연습은 쉬운 숙제가 아니다. 바쁘게 하루 일과를 보내면서 한 장소에서 다른 장소로 이동하는 중에 커피나 차를 한 잔 마시려고 할 때도 일단 멈추어서 앉을 자리를 찾은 다음 천천히 음미해야 할 테니 말이다. 만일 컴퓨터 앞에서 일하고 있었다면 두 손을 키보드에서 내려놓고 두 눈은 컴퓨터 화면에서 거둔 뒤 입안에 든 커피 한 모금을 천천히 느껴 봐야 할 것이다.

먹는 행위는 쉴 새 없이 뭔가를 동시에 해대는 현대인의 습관에서 빼놓을 수 없는 것이 되었다. 이 연습을 하면서 우리는 우리가 먹는 동안 얼마나 많은 것을 동시에 하고 있었는지 새삼 깨닫게 될 것이다. 우리는 걸으면서, 운전하면서, 텔레비전이나 영화를 보면서, 책을 읽으면서, 컴퓨터를 하면서, 비디오 게임을 하면서, 음악을 들으면서 먹는다.

이와 같은 먹기 이외의 행동들을 없애고 나면 우리는 좀 더 미묘한 주의 분산에 직면하게 된다. 바로 먹으면서 말하는 것이다. 우리는 입안에 음식이 있을 때는 말하지 말라고 부모님에게 엄격하게 배우며 자랐지만, 그래도 먹기와 말하기를 여전히 동시에 하고 있다. 이 연습을 하는 동안 우리는 먹기와 말하기를 번갈아 가며 하는 법을 배우게 된다. 즉, 말을 하고 싶을 때는 먹기를 멈추는 것이다. 먹기와 말하기를 동시에 하지 않는다는 말이다.

사람들과 어울려서 밥을 먹는 것이 워낙 보편화되어 있기 때문에 식당에서 읽을거리나 여타 주의를 기울일 만한 물건 없이 혼자서 밥을 먹는 것은 어색하게 느껴질 수 있다. 사람들이 ‘불쌍해라, 친구도 없나 봐’라고 생각할까 봐 신경이 쓰일 수도 있다. 그래서 책을 꺼내 들거나 노트북 컴퓨터를 열어서 자신이 ‘오로지 먹기만’ 하면서 ‘시간을 낭비’하고 있는 것이 아님을, 뭔가 생산적인 일을 하고 있음을 보여 주고 싶을지도 모른다.

먹는 동안 다른 일을 하는 데는 또 다른 문제가 하나 있다. 뭔가를 하면서 먹으면 그 시간은 ‘허리춤을 늘려 주는 시간’이 되리라는 것이다. 먹을 때 깨어 있지 않으면 음식을 필요량보다 더 많이 먹게 되고, 그 음식은 결국 뱃살이 되어 버릴 테니 말이다.

어떤 나라에서는 길을 걸어가는 동안 뭔가를 먹거나 마시는 것이 무척 무례한 행동으로 여겨진다. 선 채로, 혹은 길을 걸으면서 먹을 수 있는 유일한 음식은 아이스크림뿐이다. 아이스크림은 녹아 버리기 때문이다. 사람들은 패스트푸드를 사서 우적우적 씹으며 거리를 걸어가는 외국인을 상스럽다는 눈길로 쳐다볼 것이다. 패스트푸드 역시 집으로 가져가서 먹음직스럽게 펼쳐 놓은 후 식탁에서 먹는 것이 보통이다. 식사 시간은 바쁘게 돌아가던 일상의 속도를 조금 늦추고, 음식과 음료, 그리고 옆에 있는 사람들을 진심으로 느끼고 즐길 수 있는 시간이다.

▎한 걸음 더

왜 우리는 먹기만 하는 것은 시간 낭비이며, 먹는 동안 다른 뭔가를 해야만 한다고 느끼는 것일까? 혹시 하루에 얼마나 많은 것을 산출해 내는지에 따라서, 길고 긴 ‘해야 할 일’ 목록 중 얼마나 많은 항목에 줄을 그었는지에 따라서 자신의 가치를 매기기 때문은 아닐까? 먹고 마시는 행위는 우리에게 돈을 벌어다 주는 것도 아니고, 배우자나 노벨상을 안겨 주는 행위도 아니니, 딱히 값어치 있는 일이라고 생각하지 않게 된 것이다. 먹는 동안 깨어 있기 워크숍을 진행하다 보면 많은 사람에게 이런 말을 듣는다.

"저야 그냥 먹어야 하니까 먹는 거죠. 그래야 하던 일을 계속할 수 있으니까요."

만일 우리가 날마다 해야 하는 가장 중요한 일이 단 30분만이라도 진정으로 깨어 있는 것이라면 어떻겠는가? 우리가 이 세상에 줄 수 있는 가장 큰 선물이 그 어떤 종류의 물건이나 행동이 아니라 그저 우리의 '현존해 있음'이라면?

우리가 주의를 기울이지 않는다면 음식은 그곳에 없는 것이나 다름없다. 접시를 깨끗이 비우고도 여전히 속이 허할 수도 있다. 그래서 이것저것 계속 먹고, 결국에는 배가 너무 불러서 속이 불편할 때가 되어서야 멈출 것이다. 그러나 깨어 있는 마음으로 음식을 먹는다면 단 한입을 먹는다고 해도 그 자체로 풍부하고 다양한 경험이 된다. 그러면 우리는 배가 꽉 차서 더 이상 안 들어가기 때문에 그만 먹는 것이 아니라 안에서 만족감이 느껴져서 그만 먹게 될 것이다.

틱낫한(Thich Nhat Hanh) 스님은 이렇게 썼다.

"사람들 중에는 오렌지를 먹으면서도 사실은 먹지 않는 사람들이 있다. 그들은 슬픔을, 두려움을, 화를, 그리고 그들의 과거와 미래를 먹는다. 그들은 몸과 마음이 하나 되어 지금 이 순간에 진실로 깨어 있지 않

다. 오롯이 음식을 즐기는 연습을 할 필요가 있다. 음식은 오로지 나를
먹여 살리려고 온 우주가 내 앞에 마련해 준 것이다. 이것이 기적이 아
니고 무엇이겠는가?”

❙ 이 한마디

먹을 때는 오로지 먹기만 하라. 마실 때는 오로지 마시기만 하라. ‘깨어 있
음’이 지금 당신이 먹는 음식에도 당신의 인생에도 가장 좋은 양념이다. 한
입 한입을 즐겨라. 매 순간을 즐겨라.

진정한
칭찬

- **연습법**

하루에 한 번, 가족이나 친구, 동료 등 가까운 사람을 한 명 떠올리고, 그 사람에게 진심에서 우러나는 칭찬을 한다. 칭찬할 대상은 자녀나 부모처럼 가까운 사람일수록 더욱 좋으며(우체국에서 본 낯선 사람에게 스카프가 예쁘다고 칭찬하는 것은 치지 않는다), 칭찬의 내용은 구체적일수록 좋다.

"전화를 이렇게 기분 좋게 받아 주니 참 고맙다."

칭찬을 하는 동시에 다른 사람들이 당신에게 하는 칭찬에도 깨어 있어 보자. 칭찬을 받으면 그것이 무엇을 뜻하는지, 내게 어떤 영향을 미치는지 자세히 살펴 보자.

한 주간 기억하는 방법

'칭찬'이라고 적은 종이를 하루 종일 볼 수 있도록 여러 장소에 붙여 놓는다.

길잡이

진심에서 우러난 칭찬이 아닐까 봐 처음에는 이 연습을 하고 싶지 않았다고 말하는 사람들이 간혹 있다. 하지만 그런 사람들도 곧 자신들이 감사할 수 있는 것이 정말 많다는 것을 깨닫고, 이 연습을 수월하게 해나갈 수 있었다. 또 어떤 사람들은 이 연습을 하면서 자신들이 습관적으로 비판적인 태도를 취하면서 오로지 문제점만 발견하고 지적하고 있음을 깨달았다고 말하기도 했다. 이 연습을 하게 되면 이처럼 비판적이고 위축된 마음 상태가 확연하게 드러나면서 많은 것이 바뀌게 된다.

어떤 사람들은 칭찬을 했는데 오히려 상대방이 칭찬을 받지 않는 경우도 있다고 털어놓았다.

"아, 아니에요. 이번에는 쿠키가 그렇게 맛있게 구워지지 않았어요."

칭찬을 받아들이는 것도 그리 쉬운 일이 아닌 것이다. 개중에는 칭찬이 진심인지, 아니면 놀리려고 하는 말인지 분간할 수 없어서 어려서부터 칭찬을 의심하는 버릇을 키운 사람들도 있다. 아마 그들은 스스로도 상대에게 장난삼아 칭찬의 말을 하거나, 누군가가 칭찬을 해줘도 농담인 것처럼 흘려듣고 말 것이다. 혹시라도 놀리는 것을 칭찬으로 착각하지 않도록 스스로를 보호하기 위해서 말이다. 어떤 사람은 어렸을 때 칭찬을 받아들이는 법에 대해 부모님께 이렇게 배웠다고 말했다.

"그냥 '고맙습니다'라고만 해라. 그 사람은 그 말 들으려고 그러는 거야."

어린 시절 알코올 중독 가정에서 자란 어떤 사람은 자라면서 어떤 종류의 칭찬도 들어 본 적이 없어서 남에게 칭찬해 주기 위해 칭찬의 기술을 따로 배워야만 했다고 말했다. 그는 칭찬하는 것이 분위기를 부드럽게 해 주고, 에너지를 긍정적인 쪽으로 바꾸어 준다는 것을 발견했다. 또한 진심 어린 칭찬을 해줄 때 자녀들과 아내, 회사 직원들이 일을 전보다 훨씬 더 잘 해내는 것도 발견했다.

칭찬을 받아들이는 방식에는 문화권마다 약간의 차이가 있다. 중국과 일본에서 행한 연구에 따르면, 칭찬받은 사람의 95퍼센트가 칭찬받은 내용을 부정하거나 사양한다고 한다. 아시아에서는 칭찬을 사양하거나 한 발 물러나는 것이 보통인데, 그렇게 하지 않으면 겸손하지 않은 사람으로 보일 수 있기 때문이다. 남편은 다른 사람들 앞에서 자신의 아내를 칭찬하지 않는데, 그렇지 않으면 아내 자랑하는 팔불출이라는 소리를 듣게 되기 때문이다.

효과적인 논쟁 해결법인 '비폭력 대화(nonviolent communication)'는 '당신은 참 ○○해요'라는 칭찬이 상대와의 거리를 멀어지게 한다고 가르친다. 그러면서 칭찬하고 싶은 내용을 포함하되 당신이 어떤 점에서 감동을 받았는지 구체적으로 말하라고 제안한다. 그런 식으로 칭찬하면 둘 사이가 좀 더 연결되는 느낌이 들고, 친밀감이 높아지기 때문이다.

"이번 모임을 위해 시간을 내서 이렇게 맛있는 쿠키를 구우셨다니 정말 감동이네요. 감사합니다."

칭찬에 깨어 있는 이 연습은 다른 사람들과의 관계에서 칭찬이 어떤 역할을 하며, 잦은 칭찬이 어떤 결과를 낳는지 알게 해준다. 어떤 칭찬은 진심에서 우러나오는 것이지만, 대가를 바라고 하는 칭찬도 있다. 누군가를 처음 만났을 때나 상대와 사귀는 중일 때는 더 많은 칭찬이 오간다. 하지만 시간이 지나면 우리에게 가까운 사람들을 당연하게 여기면서 칭찬과 감사, 고마움을 표현하는 것을 멈추고 만다.

한 걸음 더

도겐 선사는 이렇게 썼다.

"친절한 말은 친절한 마음에서 나오고, 친절한 마음은 자비로운 마음의 씨앗에서 나온다는 것을 알아야 한다. 친절한 말은 그저 다른 사람의 장점을 칭찬하는 데 그치는 것이 아니라는 사실을 잊지 마라. 진심 어린 칭찬에는 한 나라의 운명을 바꿀 힘도 들어 있다."

불교의 가르침은 우리가 사람과 사물, 상황에 반응하여 겪는 감정에는 긍정적인 것(행복한 감정), 부정적인 것(짜증나는 감정), 중립적인 것(긍정적인 감정도 부정적인 감정도 없는 것), 세 종류가 있다고 설명한다. 누군가를 긍정적으로 느낄 때, 우리는 그들을 향해 긍정적인 감정을 발산하면서 그들을 칭찬하는 경향이 있다. 예를 들어, 우리는 사귀고 있는 사람이나 아직 고집쟁이 미운 네 살이 안 된 귀여운 아기에게는 자연스럽게 칭찬의 말을 한다. 하지만 누군가가 집 안의 가구처럼 삶에서 늘 보는 존재가 될 때, 우리는 그들이 하는 행위를 눈여겨보는 것을 잊어버리고, 그들에게 칭찬의 말을 건넬 수 있다는 생각도 하지 못한다. 오히려 바꾸었으면 좋겠다고 생각하는

내 안의 성난 코끼리 길들이기

부분, 부정적인 것에만 토를 달게 된다. 그렇게 되면 비록 의도하지 않았다 할지라도 관계 전체에 점점 더 부정적인 느낌을 덧입히게 된다. 상대가 잘하는 부분을 적극적으로 알아봐 주고, 진심 어린 칭찬을 해주는 연습은 관계에 새로운 온기와 친밀감, 활기를 줄 수 있다.

아름다운 외모처럼 일시적이고 조건적인 성질에 대해 칭찬을 받으면 우리는 약간 불편해한다. 그 이유는 우리가 육체적 아름다움을 비롯한 어떤 특성들은 유전자와 현재의 문화적 규범이 조합되어 만들어진 우연의 산물임을 직관적으로 알기 때문이다. 나의 아름다운 얼굴을 빚은 것은 내가 아니다. 지금의 나의 얼굴은 일시적으로 내게 주어진 선물이다. 우리는 시간이 지나면 아름다운 이 얼굴 역시 두 턱에 수많은 주름살이 늘어진 얼굴로 바뀔 것임을 잘 알고 있다. 심지어 1년 후만 되어도 똑같은 얼굴이 못생긴 축에 들 수도 있는 것이 사실이다. 생머리가 한동안 유행하면 곱슬머리 여자들은 머리를 곧게 펴느라 날마다 몇 시간씩 공을 들인다. 그러다 보면 어느새 곱슬머리가 유행이 된다.

우리가 칭찬받는 것들 대부분은 일시적인 것이다. 날씬한 몸매, 조각 같은 근육, 심지어 지적 능력조차 일시적이다. 그런 것들은 우리가 실제로 소유한 성질들이 아니다. 바로 그렇기 때문에 최고의 칭찬은 상대와 함께하면서 느낀 점에 대한 감사인 것이 아닐까?

우리가 흔히 칭찬하는 일시적인 성질들 밑에는 우리의 진정한 본성이 놓여 있다. 불교에서는 이것을 '불성(佛性, Buddha nature)'이라고 하고, 다른 종교에서는 '신성(神性, Divine nature)'이라고 한다. 그것이 우리의 본질이다. 그것은 감정이나 육체적 특징, 그 밖의 어떤 비교에 의해서 나오는 것이 아니다. 그것은 칭찬받는다고 커지는 것도 아니고, 비난받는다고 줄어드는 것도 아니다. 당신이 그것에 더할 수 있는 것은 하나도 없으며, 뺄 수 있는 것 역시 하나도 없다. 당신이 잘하든 잘못하든, 당신에게 어떤 일이 벌어졌든, 그 본질은 조금도 변하지 않고 그대로 남아 있다. 당신이 태어날 때 늘어나지 않았고, 당신이 죽을 때 줄어들지도 않는다. 그것은 당신이라는 사람으로서 드러난 영원한 자기표현이다.

| 이 한마디

친절한 말은 선물이다. 이는 마음을 부자로 만들어 준다.

자세에 깨어 있기

• 연습법

하루 중 여러 번, 자신의 자세를 느껴 본다. 여기에는 두 가지 측면이 있다. 우선 자신이 어떤 자세로 있는지 인식하고, 그다음에는 몸이 어떻게 느껴지는지 인식하는 것이다. 눈을 감고 있다면 자신이 현재 서있는지 앉아 있는지 누워 있는지를 무엇으로 알 수 있을까? 예를 들어, 눈을 감고 의자에 앉아 있다면 현재 자신의 몸이 의자에 앉아 있다는 것을 알려 주는 것은 무엇일까? 어느 부분에서 압력이나 움직임을 느낄까?

자세에 깨어 있다는 것은 자신의 자세를 알아차리고 고치는 일이기도 하다. 자신이 구부정하게 몸을 숙이고 있다면 부드럽게 등을 펴보자.

자세에 깨어 있는 연습을 하기에 가장 좋은 때는 식사 시간이다. 의자 끝에 엉덩이를 걸치듯이 앉아 두 발을 평평하게 바닥에 닿도록 하고, 양 무릎은 조금 떨어뜨린다. 그리고 숨을 최대한 많이 들이마실 수 있도록 등을 곧게 편다.

또한 줄을 서서 기다릴 때나 운전할 때, 침대에 누워 있을 때, 회의나 수업에 참석 중일 때, 걸어 다닐 때도 자세에 깨어 있는 연습을 해보면 재미있는 경험을 할 수 있다.

한 주간 기억하는 방법

친구나 가족에게 도움을 청한다. 당신의 자세가 무너졌을 때 알려 달라고 말하는 것이다. 또는 '자세'라고 적은 종이나 작은 색깔 테이프를 식사할 때 앉는 의자나 식탁에 붙여 놓는다.

길잡이

사람들은 종종 자신의 자세가 얼마나 나쁜지 깨닫고는 깜짝 놀란다. 앞에서 보면 자세가 꽤 괜찮아 보이지만, 옆에서 거울에 비친 모습을 보면 어깨가 얼마나 구부정한지 한눈에 들어와 충격을 받는다. 우리는 상황에 따라 자세를 바꾸기도 한다. 면접을 보는 자리나 흥미로운 강연에 참석했을 때는 등을 곧추세우고 앉지만, 텔레비전을 볼 때는 소파에 널브러지듯 앉는다. 장교나 무용수처럼 특정한 훈련을 받은 사람들은 금세 눈에 띄는데, 그것은 그들이 두드러지게 바른 자세를 하고 있기 때문이다. 그들에게는 왜 그렇게 자세가 중요할까? 스페인 속담에 이런 말이 있다.

"수영복을 입혀 놓아도 사제는 단번에 알아볼 수 있다."

즉, 종교인은 겉으로 드러나는 몸가짐이 내면의 자세와 일맥상통하므로 몸가짐만으로도 알아볼 수 있다는 말이다.

선불교에서는 참선 공간에서뿐만 아니라 식탁에 앉을 때, 심지어 걸어다닐 때도 자세를 무척 강조한다. 우리는 두 손을 아랫배에 모으고 수녀들이 '바른 손'이라고 하는 자세를 유지한 채 걸어 다닌다. 길에서 서로를 지나쳐 갈 때면 잠시 멈추어서 합장하고, 몸을 숙여 인사한다. 그날 하루의 임무를 받을 때면 일할 수 있는 몸에 감사하는 마음으로 역시 몸을 숙여 절한다. 하루 네 번의 불경 암송 시간에는 겸손을 뜻하는 자세로 바닥에 완전히 엎드린다. '나'로 가득 찬 마음과 빗장을 걸어 잠근 가슴을 내려놓는다는 의미로 머리를 바닥에 대고, 우리 안에 있는 지혜와 자비를 모두 꺼내 올리기 바란다는 의미로 두 손을 바닥에서 들어 올린다. 어떤 날은 이런 절을 백 번 넘게 한다. 과거의 잘못을 참회하는 마음으로 절하는 사람들은 날마다 108배를 추가로 할 수도 있다.

어떤 스님은 이런 절을 날마다 얼마나 많이 했던지 이마에 굳은살이 박이기도 했다. 그는 자신이 고집스럽고 완고한 사람이라서 겸손을 수련할 필요가 있었다고 했다. 나이가 많은 사람들은 몸을 구부렸다 펼 때 등이 곧게 펴지지 않는 경우도 많지만, 그들은 삶에 대해서 계속 감사의 절을 올릴 수 있고, 삶이 어떤 것을 가져다주든 감사할 수 있으면 되었다고 말하면서 그런 것은 신경 쓰지 않는다.

▌한 걸음 더

불교 승려이자 우리 시대의 영적 스승인 아잔 차(Ajahn Chah) 스님은 이렇게 말했다.

"지혜는 어떤 자세로 있든 자기 몸에 깨어 있을 때 나온다. 자세에 깨어 있기 수련은 아침에 일어나면서부터 시작되어 잠이 들 때까지 계속되어야 한다. 중요한 것은 일을 하고 있든, 앉아 있든, 화장실에 가고 있든, 언제든지 스스로를 주의 깊게 살펴보고 있어야 한다는 것이다.”

자세와 집중력은 서로 깊은 관련이 있다. 졸음이 오는 것은 대개 자세가 흐트러져 있고, 그래서 한 번 호흡할 때마다 폐 속으로 공기가 충분히 들어가지 못하고 있다는 신호다. 그럴 경우, 꼬리뼈에서부터 등을 곧게 세워 몸 안에 호흡을 위한 공간이 최대한 만들어지도록 자세를 고쳐 보라. 그런 다음, 깊은 심호흡을 두세 번 해보라. 이러한 행동을 하는 이유는 숨이 방해받지 않고 들고 날 수 있도록 최대한의 공간을 만들어 내기 위해서다. 자세는 기분과도 연결되어 있다. 기분이 좋지 않다면 자세를 한번 바꾸어 보라.

‘곧게 서있다’라는 표현은 자세를 가리킬 수도 있지만, 삶을 살아가는 방식에도 적용될 수 있다. ‘곧게 서있다’라는 말은 일관성과 덕, 한결같음으로 사는 삶을 뜻한다. 살면서 우리 앞에 어떤 일이 닥치든 우리의 뿌리는 흔들리지 않는다. 삶에는 수많은 측면이 있지만, 우리의 삶은 그 모든 것과 다투지 않는다. 부처님은 ‘고귀한 분’이라고 자주 칭송되는데, 그것은 그가 왕자로 태어났기 때문이 아니라 참선과 깨어 있기 수련에 정진하여 마침내 내면의 진실에 오롯하게 일치되는 삶을 살았기 때문이다. 수련을 통해 우리 역시 이러한 내면의 진실과 하나 될 수 있고, 그 진실에 영감을 받고 지지받고 이끌리는 삶을 살 수 있다.

각자의 숨결에 집중할 때 우리는 우리 안에 있는 본래의 평정을 발견한다. 마음속에서 소용돌이치던 격렬한 생각의 물살을 잠잠히 가라앉힐 때

 내 안의 성난 코끼리 길들이기

우리는 우리 내면의 지혜를 발견한다. 긴장을 풀고 가슴을 열 때 우리 내면의 친절함이 솟아오른다. 수련에 정진하여 이러한 내면의 보물들에 언제든 닿을 수 있게 되면 우리는 곧게 서서 흔들림 없이 자신감을 가지고 삶을 헤쳐 나가게 될 것이다.

| 이 한마디

몸과 마음은 둘이 아니다. 몸과 마음은 깊이 연관되어 있고, 서로 의존하고 있다. 마음이나 기분이 처지는 것 같다면 몸의 자세를 고쳐 보라.

Chapter 8

하루를 마칠 때 감사하기

- **연습법**

하루를 마칠 때 그날 하루 일어난 일 중 감사한 일들을 최소한 다섯 개 이상 적어 본다. 한 주가 끝날 때 적은 목록을 친구나 배우자, 또는 마음공부를 같이하는 도반들에게 크게 소리 내어 읽어 준다.

한 주간 기억하는 방법

공책과 펜을 침대맡이나 베개 옆에 항상 마련해 둔다. 밤에 잠자리에 들기 전에 목록을 작성한다.

길잡이

사람들은 대부분 처음 이 연습을 시작할 때 감사한 일들을 날마다 다섯 개씩 적는 것이 힘들 것이라고 생각한다. 하지만 일단 연습을 시작하고 나면 목록이 다섯 개를 훌쩍 넘는다는 것을 알고 깜짝 놀란다. 오랫동안 잊고 있던 수도꼭지를 튼 것처럼 물줄기가 끊이지 않는 것이다. 하루를 보내는 동안에도 머릿속에 '감사 목록에 추가할 것들'을 기억해 두고 있는 스스로를 발견할지도 모른다. 이 연습은 '끊임없는 감사의 마음 상태'라는 사랑스러운 변화를 불러온다.

심리학자인 소냐 류보머스키(Sonja Lyubomirsky)의 연구에 따르면, 행복의 40퍼센트는 우리의 의도적인 행위에 의해 결정된다고 한다. 감사 일기를 날마다 쓰거나, 친절을 베푼 이들에게 잊지 않고 감사를 표현하는 사람들은 행복지수가 눈에 띄게 올라가고, 우울지수는 그만큼 줄어든다는 사실을 입증한 것이다.

주변에서 마치 타고난 듯 자연스럽게 감사를 느끼는 사람들을 본 적이 있을 것이다. 그들과 함께 있으면 우리의 영혼도 같이 고양되면서 그날 하루가 밝아지는 느낌이 든다. 부처님은 해로운 감정과 생각은 점점 약해지게 만들고, 건강한 감정과 생각은 더욱 키우는 것이 곧 마음을 '닦는' 것이라고 말했다. 어떻게 하면 그렇게 할 수 있을까? 그것은 에너지 차원의 현상이다. 무엇이든 우리가 에너지를 주는 것은 그만큼 커지는 법이다. 이것이 처음에는 인위적인 것으로 느껴질지 모르지만, 의도적으로 감사의 마음을 키워 나갈 때 우리는 점점 더 자연스럽게 감사하는 사람이 되어 간다. 이와 반대로, 질투나 비난 등 부정적인 마음 상태를 키운다면, 그것이 바로 우리의 모습이 될 것이다.

우리의 마음은 부정적인 것에 마치 자석처럼 자동으로 끌려가는 것 같다. 힘들었던 기억을 끄집어내어 자꾸 곱씹는가 하면, 이미 일어난 일의 결과를 계속 바꾸려 하기도 한다.

"내가 그렇게만 했다면 그 사람이 그러지 않았을 텐데……."

과거는 지나갔다. 우리는 결과를 바꿀 수 없다. 우리가 바꿀 수 있는 것은 오로지 우리 자신뿐이다. 그리고 자신을 바꾸는 것은 오직 현재에만 할 수 있는 일이다. 마음은 미래에 일어날 수도 있는 무서운 일들을 생각으로 만들어 낸다.

'경제가 악화되어서 먹을 것이 부족해지면 어떡하지? 그래서 사람들이 총을 들고 우리 집 문을 두드린다면……?'

마음은 우리를 위험에서 보호하려면 스스로 그렇게 걱정해야 한다고 생각하지만, 그건 사실 우리를 더욱더 무섭고 긴장되게 만들 뿐이다.

마음은 말한다.

"전에 일어났거나 앞으로 일어날 긍정적인 일들이 뭐가 중요해? 긍정적인 일은 사람을 해치지 않아. 내가 할 일은 일어날 수 있는 모든 나쁜 결과에 대해서 생각하는 거야."

언론 매체가 이것을 아주 잘 실천하고 있다.

"이런 새로운 위험이 발생했으니 조심하십시오!"

"이렇게 끔찍한 일이 지금 벌어지고 있습니다. 혹은 앞으로 언제라도 벌어질 수 있습니다!"

현대인의 마음은 바로 이런 이야기를 듣고 싶어 하고, 그래서 우리는 이런 이야기를 읽고 듣는다. 그러나 부정적인 것에 대한 이와 같은 집착은 점점 퍼져 나가면서 불안하고 우울한 마음 상태를 만들어 낸다. 그리고 우리는 우리가 예상하는 그 고통을 실제로 경험하게 된다. 스스로 만들어 내고 또 성취하는 슬픈 자기 예언인 것이다.

하루를 마치며 하는 감사 연습은 이처럼 재앙을 즐기는 정신적 습관에 대한 해독제와 같다. 이 연습을 하면 그날 일어난 수많은 긍정적이고 따뜻한 일들을 놓치지 않고 보게 된다. 이는 마음의 방향을 긍정적인 쪽으로 바꾸어 준다. 하루를 마치며 감사 연습을 하는 사람들은 삶에서 일어나는 거의 모든 일에서 밝은 면을 발견할 수 있다는 사실을 자연스럽게 깨닫게 된다.

| 이 한마디

불행을 찾는 마음의 습관을 멈추고, 감사할 수 있는 단 한 가지라도 발견하는 쪽으로 바꾸어 보라.

Chapter 9

소리에
귀 기울이기

● 연습법

하던 일을 멈추고 그저 주변의 소리에 귀 기울여 본다. 두 귀가 거대한 레이더가 된 것처럼 청각을 360도 열어 본다. 몸 안에서, 방 안에서, 건물 안에서, 바깥에서 선명하게 또는 미미하게 들려오는 갖가지 소리에 귀 기울여 본다. 외계 행성에 방금 착륙해서 이런 소리들이 다 어디서 나는지 알지 못하는 사람이 된 것처럼 귀 기울여 들어 본다. 그 모든 소리가 오직 당신을 위해 연주되고 있는 음악처럼 들리는지 잘 살펴본다.

한 주간 기억하는 방법

집 안이나 직장 곳곳에 간단하게 그린 귀 그림을 붙여 놓는다.

우리는 끊임없이 소리에 파묻혀 있다. 도서관이나 숲 속처럼 흔히 조용하다고 말하는 곳에서도 마찬가지다. 우리의 귀는 이 모든 소리를 감지하지만, 뇌가 그 대부분을 차단해 버린다. 그래야 중요한 소리들, 즉 대화 내용이나 강의 내용, 라디오 프로그램, 비행기 엔진 소리, 아기 우는 소리 따위에 집중할 수 있기 때문이다.

연구에 따르면, 아기는 성인이 듣지 못하는 소리를 들을 수 있다고 한다. 아기의 청각은 대부분의 소리 뒤에 발생하는 미묘한 반향까지도 감지할 만큼 예리하며, 일찌감치 이처럼 뒤섞인 혼잡한 소리들을 막고 걸러 내는 법을 터득한다. 재미있게도 아프리카의 부시먼 족은 이처럼 예민한 청각을 성인이 되어서도 잃지 않고 유지하는데, 그것은 그들이 아주 조용한 사막에서 살기 때문이다. 아기들은 또한 태어나기 전에 들었던 음악소리나, 선율처럼 높낮이가 있던 목소리들을 인지한다고 한다.

주의 깊게 듣기 시작하면 새로운 세상이 펼쳐진다. 거슬린다고만 생각했던 소리들이 일종의 외계의 음악처럼 들리면서 신기하고 심지어 멋진 소리로 들리기 시작한다. 배경음악처럼 뒤에 깔려 있던 소음들이 전면으로 튀어나온다. 먹을 때, 특히 바삭거리는 음식을 먹을 때 입에서 들려오는 소음이 엄청나다는 것을 알게 되며, 이웃집의 청소기 돌리는 소리는 끊이지 않는 소리들의 교향악처럼 느껴질 것이다. 냉장고의 낮게 울리는 소음도 잘 들어 보면 미묘하게 높고 낮은 음들이 수없이 맞물린 한 폭의 그림 같을 것이다.

듣기 연습은 마음을 고요하게 하는 아주 강력한 방법이다. 소리에 호기심을 갖기 시작하면 더욱 주의를 기울여 듣고 싶어진다. 마음을 모아 귀 기울여 듣기 위해 우리는 마음의 소리에게 잠시 조용히 해달라고 요청해야 한다. 우리는 마음에게 이름을 붙이지 말아 달라고(존의 낡은 트럭), 혹은 소리에 대해서 의견을 말하지 말아 달라고("저이는 새 머플러가 필요하겠어"), 각각의 소리를 처음 듣는 사람처럼 그저 투명하게 깨어서 귀 기울이기만 해달라고 부탁해야 한다. 사실 각각의 소리는 정말로 완전히 새로운 것이다.

불안해하는 마음이 끝없이 만들어 내는 생각의 소용돌이에서 빠져나오고 싶을 때 '듣기'는 탁월한 방법이 된다. 마음이 스스로 만들어 낸 쳇바퀴 속에서 끊임없이 돌아가고 있다면 그대로 멈추어 공간을 채운 음악 소리를 들어 보라. 온종일 컴퓨터 앞에서 보낸 뒤 녹초가 되어 있다면 바깥으로 나가 의식을 어둠 속으로 열어 보라. 그리고 밤의 음악에 귀를 기울여 보라.

소리에 관한 유명한 공안이 있다. 일본의 유명한 선승인 하쿠인 에카쿠(白隱慧鶴) 스님이 제자들에게 이런 공안을 냈다.

"한 손이 낼 수 있는 소리는 무엇인가?"

이 화두를 붙들고 전심을 다해 탐구해 본다면 마음의 틀이 깨지면서 깊은 소리를 듣게 될 수도 있다. 이 공안의 본질을 압축하면 이것이다.

"소리란 무엇인가?"

당신의 마음이 그 꼬불거리는 복도를 끝없이 헤매고 있을 때 이 물음은 당신을 지금 이곳으로 다시 데려와 줄 것이다.

소위 침묵이라는 것 속에도 소리가 있다. 그처럼 미묘한 소리를 들으려면 마음은 아주 고요해야만 한다.

전화벨이
울릴 때

• 연습법

전화벨이 울릴 때마다 하던 일을 멈추고 세 번 심호흡하며 마음을 가라앉힌 뒤 수화기를 들어 본다. 만일 접수원이라면 심호흡을 한두 번 정도로 줄이는 것이 좋을 것이다. 이 연습의 요점은 잠시 멈추고, 적어도 한 번 이상 깊은 호흡을 함으로써 벨 소리에 응답하기 전에 숨결을 고르는 데 있다.

전화가 많이 오지 않는 사람이라면 알람시계를 하루에 여러 번 울리도록 맞추어 놓는다. 이때 시간 간격을 충분히 길게 하되 너무 일반적이지 않은 간격으로 맞추는 것이 좋다. 가령 53분마다 울리는 식으로 말이다. 알람시계가 울릴 때마다 하던 일을 멈추고 깊게 호흡한다.

색깔 스티커나 '숨 쉬기'라고 적은 종이를 날마다 사용하는 전화기나 휴대 전화의 잘 보이는 곳에 붙여 놓는다.

| 길잡이

우리는 틱낫한 스님의 제자들이 우리 선원으로 수련을 왔을 때 이 연습을 알게 되었다. 그들은 이 '종소리에 깨어 있기' 수련을 아주 충실하게 수행했다. 종소리가 나면 언제든지 침묵의 물결이 공간 안을 가득 채웠다. 교실에서 가르치고 있었든, 대화 중이었든, 식기세척기를 돌리고 있었든, 음식을 대접하고 있었든, 각자가 무엇을 하고 있었는지는 문제 되지 않았다. 모두가 하던 말을 멈추고 가던 길에서 멈추어 서서 세 번 깊은 심호흡을 했다. 종소리가 울릴 때마다 사람들의 움직임에서 나는 부산스러운 소음은 모두 멈추었고, 공간 안의 에너지가 안정되면서 더욱 균형 잡히고 깨어 있는 공간으로 정화되는 것이 느껴졌다.

"한번은 두 사람이 아주 격렬한 논쟁을 벌이고 있는데, 깨어 있기 종이 울렸죠. 둘은 하던 말도 끝맺지 못한 채 그대로 멈추었고, 둘의 얼굴은 대번에 부드러워졌어요. 그러더니 서로를 보고 미소 짓더군요."

한 수련생의 목격담이다.

많은 사람이 전화가 울리면 가능한 한 빨리 받으려고 기계적으로 손을 뻗는다. 처음에는 이 습관을 깨뜨리고 잠시 멈추어 심호흡한다는 것이 쉽지 않을 것이다. 하지만 전화벨이 울릴 때 마음을 모아 두세 번 심호흡하는 것은 새로 길들여 볼만한, 무척이나 실용적이고도 유용한 습관이다.

특히 상대하기 어려운 사람들, 정신적·감정적으로 큰 고통의 짐을 지고 있으면서 그 짐을 당신에게 내려놓고 싶어 하는 사람들과 이야기하는 직업을 가진 경우라면 더욱 그럴 것이다. 이 습관은 고객, 손님, 환자 한 사람 한 사람을 선명한 마음과 열린 가슴으로 만나도록 도와준다. 한 접수원은 이렇게 말했다.

"전화벨이 세 번 울릴 때까지 기다렸다가 전화를 받는 연습을 하고 있어요. 연습하다 보니 그 시간은 제가 생각하고 있거나 하고 있던 것을 멈추고 마음을 가다듬을 수 있는 기회네요. 전화를 건 사람에게 오롯이 마음을 모을 수 있도록 제 마음을 비우는 연습이 됩니다."

한 응급실 간호조무사는 말했다.

"저는 원래 급하게, 쉬지 않고 일하는 편이었어요. 처음에 이 깨어 있기 벨이 울리자 화가 치밀었죠. 온실에서 잡초를 뽑고 있었는데, 하던 일을 아주 잠깐이라도 멈추고 싶지 않았거든요. 하지만 그 순간 저를 둘러싼 붉디붉은 근대 줄기들이 눈에 들어오더군요. 근대 줄기 사이로 쏟아져 들어오는 빛도요. 아름다웠죠."

우리가 분주한 마음에 사로잡혀서 지금 이 순간에 오롯이 깨어 있지 못할 때, 눈을 뜨고 있지만 정말로 보고 있지는 못할 때 놓치는 것이 바로 이 아름다움이다.

| 한 걸음 더

이 연습은 몸과 마음에 갑작스러운 고요를 불러일으킨다. 움직이고 있을 때 우리는 대개 생각을 한다. 그러나 몸이 멈추면 무의식적으로 지속되던 생각의 얕은 차원이 드러난다. 그 차원을 바라볼 수 있을 때 우리는 그것을 놓아 버리고, 그로써 더 깊은 차원의 고요에 열릴 수 있다. 한 청년은 이 연습이 일석이조의 효과를 준다는 것을 깨달았다. 하던 일이나 말을 멈추니 정신적 긴장도가 낮아지고, 깊은 호흡을 세 번 음미하는 동안 육체적 긴장도 풀리는 것을 느낀 것이다.

한 여성은 이 연습을 처음 시작했을 때 더 불안해졌다고 말했다. 그러나 곧 그것은 어떻게 하면 이 연습을 잘할 수 있을까 하는 불안이 아니라, 무슨 일을 하든 항상 자신의 마음 깊은 곳에 숨겨져 있던 오래된 불안이었음을 깨달았다. 그 후 그녀는 세 번 심호흡할 때 사랑과 자애의 마음을 담아 "저에게 편안함을 주소서"라고 말하며 숨을 내뱉었고, 그렇게 마음 깊은 곳의 불안을 털어 버릴 수 있었다.

우리는 삶의 많은 부분을 무의식적으로 급히 서두르며 살아간다. 우리는 대체 무엇을 향해 그렇게 바삐 달려가는 것일까? 우리는 이 순간을 오롯이 사는 대신, 늘 1분 뒤, 한 시간 뒤, 다음 날을 붙잡겠다며 미래를 향해서만 달려간다. 우리는 우리의 마음 상태를 한 만남에서 다음 만남으로 쓰레기봉투처럼 질질 끌고 다닌다. 신경을 긁는 전화를 막 끊었다면 그다음에 걸려 오는 전화도 신경질을 내며 받기 십상이다. 그때 전화를 건 사람만 운이 없는 셈이다.

매번 전화를 받을 때마다 조바심이나 불안, 짜증이라는 감정의 가림막 없이 새로운 마음으로 받으려면 일단 속도를 늦출 필요가 있다. 전화벨 소리가 들리면 손을 멈추고 세 번 깊이 숨을 쉬어 보라. 그렇게 몸과 마음 속에 담겨 있던 것들을 놓아 버리는 것이다. 그러고 나면 우리는 전화를 걸어 온 새로운 사람이나 상황을 선명한 마음과 열린 가슴으로 만날 수 있다.

처음에는 종소리나 벨 소리 등을 맞추어 놓고 수련의 일환으로 이 연습을 시작하지만, 결국 이 습관은 우리의 나머지 인생 전체에까지도 스며들 것이다. 존재하는 새로운 방식이 되는 것이다. 그렇게 마음속에 담긴 것들을 놓아 버리고, 하루 중 일어나는 수많은 만남을 새롭게 맞이할 수 있게 된다. 이것은 대부분의 사람이 활용하지 않는, 말할 수 없이 유용한 기술이며, 낡고 해로운 습관을 놓아 버리고 새롭고 건강한 습관을 키우도록 도와준다.

| 이 한마디

전화벨이 울릴 때 세 번 심호흡하는 습관은 어른을 위한 휴식 시간과 같다. 새로운 활기를 주는 멈춤이다.

사랑의
손길

• 연습법

무생물을 비롯한 모든 것을 사랑의 손길로 대한다.

한 주간 기억하는 방법

주로 쓰는 손의 손가락 하나에 눈에 잘 띄는 표시를 한다. 평소에 끼지 않
던 반지를 끼거나 반창고를 붙여도 좋고, 손톱 하나에만 다른 색 매니큐어
를 칠하거나 색깔 펜으로 조그맣게 표시를 해도 좋다. 그 표시를 볼 때마다
손길에 사랑을 담을 것을 기억한다.

길잡이

이 연습을 하다 보면 우리는 우리의 손길에 사랑이 없음을 금방 깨닫게 된

다. 우리는 장바구니에 채소를 그냥 던져 넣고, 개수대에는 접시를 아무렇게나 쌓아 둔다. 공항에서는 수하물 벨트 컨베이어에 짐들이 되는대로 내던져진다. 아무렇게나 쌓여 있던 스테인리스 대접들이 무너지는 소리, 급하게 뛰쳐나가는 우리 뒤로 문이 꽝 닫히는 소리가 들려온다.

우리 선원의 마당에서 잡초를 뽑는 사람들에게 현실적인 딜레마가 생겼다. 살아 있는 식물을 뿌리째 뽑으면서 어떻게 그 일을 사랑의 손길로 할 수 있을까? 우리는 늘 열린 가슴으로 그 생명이, 그리고 우리의 생명이 다른 생명에게 도움이 되기를 기도하며 그 풀들을 두엄 더미 위에 올려놓을 수 있을까?

의과대학 학생이던 시절, 나는 '외과 의사의 성깔'을 한바탕 부리는 것으로 유명한 의사들 여럿과 일할 기회가 있었다. 그들은 수술 중 작은 문제라도 생기면 값비싼 수술 도구를 내던지고 간호사들에게 욕을 해대면서 마치 두 살배기 아이처럼 굴었다. 그런데 한 의사는 달랐다. 그는 스트레스 상황에서도 고요함을 잃지 않았고, 나아가 마취 상태로 의식이 없는 환자들의 세포 조직 하나하나를 아주 귀중한 물건 다루듯 대하고 있었다. 나는 만일 내가 수술을 받게 된다면 꼭 저 의사에게 받을 거라고 다짐했었다.

'사랑의 손길' 연습을 하기 시작하면 내가 상대를 어떤 손길로 대하는지는 물론이고, 상대가 내게 어떤 느낌으로 맞닿는지에까지 깨어 있게 된다. 이는 꼭 사람의 손길만 말하는 것이 아니라, 살갗에 닿는 옷의 촉감, 바람, 입안에 있는 음식과 음료, 발바닥으로 느껴지는 바닥의 감촉 등 수많은 것들의 느낌이 우리에게 어떻게 와서 닿는지를 말한다.

우리는 사랑의 손길이 어떤 것인지 잘 알고 있다. 아기, 나를 잘 따르

내 안의 성난 코끼리 길들이기

는 강아지, 울고 있는 아이, 사랑하는 사람을 우리는 누가 가르쳐 주지 않아도 부드럽고 따뜻하게 어루만진다. 이런 사랑의 손길을 항상 사용한다면 어떨까? 이것은 깨어 있기 수련의 핵심 질문이다. 이런 마음 상태로 항상 살아간다면 어떨까? 지금 이 순간에 더욱 깨어 있을 때 삶이 얼마나 더 풍요로워지는지 이미 깨달았는데, 왜 오려된 습관으로 돌아가 멍한 상태로 살아가야 하는가?

한 걸음 더

우리는 늘 무엇인가의 손길에 닿아 있지만, 대부분은 인식하지 못한다. 맞닿은 느낌은 불편할 때(샌들 속에 돌멩이가 들어갔을 때), 혹은 강렬한 욕구와 관련되어 있을 때(그 사람이 내게 처음으로 입을 맞출 때)만 우리의 인식 속으로 들어온다. 몸 안에서든 밖에서든 내게 와 닿는 모든 감각에 의식을 열어 놓기 시작하면 우리는 두려움을 느낄 수도 있다. 감당하기 어려울 수 있기 때문이다.

평소에 우리는 사물보다는 사람에게 사랑의 손길을 보내는 데 더 익숙하다. 하지만 급하게 서두르고 있거나 누군가에게 화가 나있을 때는 사람을 곧장 사물로 바꾸어 버린다. 시간이 없을 때 우리는 사랑하는 사람에게 인사도 하지 않고 집에서 빠져나가고, 전날 있었던 의견 대립 때문에 동료의 아침 인사를 무시해 버린다. 이렇게 상대방이 사물화되고, 성가시고 귀찮은 존재, 장애물, 마침내는 적이 되어 버린다.

일본에서는 사물을 의인화하는 경우를 자주 볼 수 있다. 우리가 무생물이라고 여기며 사랑은 고사하고 존중할 필요도 없다고 치부하는 많은 사

물이 사랑스러운 보살핌을 받고, 예우를 받는다. 계산원에게 돈을 건넬 때 두 손으로 건네는가 하면, 차선(가루차의 거품을 낼 때 쓰는 도구_옮긴이)에 각자 이름을 붙여 주고, 바늘이 부러지면 장례식을 치러 준 후 보드라운 두부 토막에 꽂아 '바늘공양'을 올린다. 존칭에 붙이는 접두사 '오(お)'를 돈이나 물, 차, 심지어 젓가락 같은 평범한 물건에도 붙인다. 이것은 일본의 민족 종교인 신도(神道)의 전통에서 나온 것으로, 계곡이나 거대한 나무, 산 등에 사는 정령 혹은 '가미(神, 일본의 신도와 기타 토속신앙의 숭배 대상_옮긴이)'를 기리는 관습과 관련된 것 같다. 물과 나무, 돌이 성스러운 것으로 보인다면 거기에서 나온 모든 것 역시 신성하게 보일 것이다.

나의 스승들은 모든 것을 마치 살아 있는 것 대하듯 대하는 법을 내게 하나하나 직접 행동으로 보여 주며 가르쳐 주셨다. 마에즈미 타이잔(前角大山) 선사는 광고 우편물이라 해도 말끔하게 개봉하기 위해 봉투 여는 칼로 여셨고, 조심스러운 손길로 내용물을 빼내셨다. 사람들이 명상할 때 앉는 방석을 발로 질질 끌고 오거나 접시를 식탁에 큰 소리가 나게 내려놓으면 언짢아하셨다.

"그 느낌이 내 몸 안에서도 느껴진다네."

오늘날 대부분의 수도자는 옷걸이를 사용하지만, 하라다 쇼도(原田正道) 선사는 매일 밤 적지 않은 시간을 들여 자신의 가사를 손수 접어서 빳빳하게 펴지도록 이불이나 여행 가방 아래에 넣어 두신다. 그래서 스님의 가사는 언제나 빳빳하다. 그러한 스님의 정성스러운 손길 덕에 100년이 넘게 보관되어 오는 가사가 여러 벌 있다. 스님은 가사 한 벌 한 벌을 부처님이 입으셨던 가사처럼 대한다.

 내 안의 성난 코끼리 길들이기

　　깨달은 분들은 감촉에 얼마만큼 깨어 있는지 우리가 상상이나 할 수 있을까? 그분들의 의식은 얼마나 섬세하고, 또 얼마나 방대할까? 예수님은 병든 여인이 자신의 옷깃에 손을 대고 그리하여 치유되었을 때, 그 즉시 알아차리셨다.

▌이 한마디

"쌀이나 물, 어떤 것이든 아이를 키우는 부모처럼 정성과 사랑이 담긴 마음으로 대하라." ― 도겐 선사

기다리기

• 연습법

가게에서 줄을 서서 기다릴 때, 약속에 늦는 누군가를 기다릴 때 등 무언가를 기다려야 하는 때가 오거든, 그때를 깨어 있기와 명상, 기도 수련을 할 기회로 삼는다.

기다리는 시간에 하기 좋은 깨어 있기 연습이 몇 가지 있다. 그중 하나가 '호흡에 깨어 있기'다. 우선 심호흡을 몇 번 하면서 기다려야 한다는 사실, 혹은 만나기로 한 사람이 늦을 거라는 사실 때문에 몸에 쌓인 긴장을 풀어 버린다. 콧구멍이나 가슴, 아랫배 등 숨을 가장 잘 느낄 수 있는 부분을 정하고, 감각을 그곳에 집중하면서 그 부분이 끊임없이 변하는 것을 알아차려 보자.

기다리는 시간에 하기 좋은 또 다른 연습은 귀를 열고 공간 전체를 받아들일 만큼 확장하여 갖가지 소리에 귀 기울이는 것이다. 그 밖에 유용한 연습으로는 '몸을 사랑과 자애로 대하기', '숨 내쉬며 이완하기' 등이 있다. '숨 내쉬며 이완하기'는 숨을 내쉴 때마다 눈이나 입가, 어깨, 아랫배 등 몸에 긴장이 남아 있거나 과도하게 힘을 주고 있는 부분을 알아차리고, 긴장을 부드럽게 놓아 버리는 연습이다.

기다려야 한다는 사실에 짜증이 나거든 속으로 이렇게 외쳐 보자.

"멋지다! 깨어 있기 연습을 할 시간이 덤으로 생겼군."

❙ 한 주간 기억하는 방법

'기(기다리기 수련을 뜻함)'라고 적은 종이나 스티커를 손목시계나 자동차 시계, 휴대전화 등 시간을 확인할 때 보는 도구에 붙여 놓는다. 컴퓨터 화면이나 마우스에도 '기'자를 써서 붙여 놓는다.

❙ 길잡이

나는 명상을 처음 시작했을 때 이 연습을 알게 되었다. 그때 나는 눈코 뜰 새 없이 바쁜 구립병원에서 주당 72시간을 근무하는 인턴으로 일하고 있었다. 화장실도 겨우 짬을 내야 갈 수 있던 시절이었다. 어느 날 스님 두 분이 내가 일하는 병원에 찾아오셨다. 나는 대기실로 달려가서 두 분을 기다리시게 한 것에 대해 거듭 사과했다. 그러자 그중 한 분이 말씀하셨다.

"괜찮네. 앉아 있을 시간이 더 생겨서 좋은데?"(선불교에서 '앉아 있다'라는 말은 좌선 명상을 뜻한다.)

그렇다. 바로 그것이었다!

이 연습은 "너무 바빠서 도저히 시간을 낼 수 없는 사람은 어떻게 하죠?”라는 질문에 대한 대답이다. 우리는 깨어 있기 수련을 하기 위해 장장 몇 시간을 뚝 떼어 놓으라고 말하는 것이 아니다. 물론 그렇게 해도 문제 될 것은 없지만 말이다. 지금 이 순간에 깨어 있는 연습을 할 기회는 하루 온종일 주어진다.

차가 막힌다거나 해서 어쩔 수 없이 기다려야만 할 때, 우리는 본능적으로 기다리는 불편함에서 주의를 돌릴 수 있는 것을 찾는다. 라디오를 켜거나 친구에게 전화를 하거나 문자를 보내거나, 그도 아니면 그저 가만히 앉아 씩씩거리며 화를 낸다. 기다리는 동안 깨어 있기 연습을 할 때 우리는 하루 안에 들어 있는 수많은 작은 순간들을 찾아내게 된다. 삶이라는 복잡한 실타래 밑에 숨겨져 있던 알아차림이라는 실 가닥을 찾아내는 것이다. 그때 기다림이라는, 대개는 부정적인 감정을 불러일으키는 일상적 행위가 선물로 바뀔 수 있다. 수련할 수 있도록 덤으로 주어지는 시간이라는 선물이 되는 것이다. 이로써 마음이 얻는 이득은 두 배가 된다. 우선 부정적인 마음 상태에서 벗어날 수 있으니 좋고, 깨어 있기 연습을 할 자투리 시간을 얻을 수 있으니 더욱 유익하다.

내게 기다리기 수련을 가르쳐 준 최초의 선생님은 바로 인내심 많은 나의 아버지였다. 일요일 아침이면 아버지는 넥타이에 양복을 멋지게 차려입으시고는 차에 앉아 신문을 읽으셨다. 그동안 엄마와 세 딸은 하나둘 차에 올랐고, 그랬다가는 다시 집으로 달려가 장갑이며 수첩이며 립스틱이며 구멍 나지 않은 양말, 머리핀, 주일학교 책 따위를 가져오곤 했다. 집으로 달려가는 소리, 차 문을 쾅쾅 닫는 소리가 드디어 멈추었을 때에야 아버지는 고개를 들고 조용히 신문을 접고는 시동을 거셨다.

이 연습을 하면 기다려야 할 때 생기는 즈바심, 혹은 계산대 줄에서 내 앞에 선 '멍텅구리'에게 치미는 화와 같은 부정적인 생각과 감정들이 생겨날 때 몸에서 일어나는 변화를 일찌감치 감지하게 된다. 그럴 때 바로 멈추어 부정적인 마음 상태가 더 발전하지 않도록(차가 막힌다고 짜증을 내거나 느린 계산원에게 화를 내지 않도록) 할 수 있다면, 우리는 습관적이고 해로운 마음의 반복적인 패턴을 지울 수 있게 되는 것이다. 마음이라는 수레바퀴가 늘 같은 레일에 올라 똑같은 내리막길을 내달려서 익숙한 늪지대로 빠지도록 더 이상 허용하지 않는다면 마침내 그 레일은 녹이 슬어 무용지물이 될 것이다. 결국 기다려야 하는 상황에서 습관적으로 올라오는 짜증과 화도 사라질 것이다. 시간이 걸리겠지만, 분명 결과는 나타난다. 그리고 분명 그럴 만한 가치가 있다. 나는 물론이고 내 주변의 사람들까지도 그로 인한 이익을 얻을 테니 말이다.

많은 사람이 생산성이라는 관점에서 자신의 가치를 매기는 오류를 범하곤 한다. 오늘 뭔가를 만들어 내지 않았다면, 즉 글을 쓰지 않았다면, 연설을 하지 않았다면, 빵을 굽지 않았다면, 돈을 벌지 않았다면, 뭔가를 팔지 않았다면, 뭔가를 사지 않았다면, 시험에서 좋은 성적을 받지 못했다면, 내 영혼의 짝을 만나지 못했다면 오늘 하루는 낭비한 것이고, 자신은 실패자라고 생각하는 것이다. 우리는 그저 '있는' 시간을 누려도 좋다고, 그저 지금 이 순간에 깨어 있어도 좋다고 스스로에게 자격을 주지 않는다. 바로 그 때문에 '기다려야 하는 순간'이 짜증의 원천이 되는 것이다. 이것만 아니면 내가 할 수 있었던 일들을 생각하면서 말이다.

하지만 당신이 좋아하는 사람들에게 나와 함께 있어서 가장 좋은 게 뭐냐고 물어본다면 아마 대부분 "그냥 너랑 있는 것", "네가 써주는 사랑의 마음"이라고 답할 것이다. '현존해 있음'이란 긍정적인 감정, 지지해 주는 감정, 친밀감, 행복일 뿐, 그 이외의 무엇도 아니다. 분주하게 굴면서 뭔가를 생산해 내기를 멈추고 그저 고요히 깨어 존재하기로 마음 상태를 바꿀 때, 우리는 심지어 주변에 아무도 없다 할지라도 스스로에게서 지지받는 느낌과 친밀감, 행복을 느낄 것이다. 이런 긍정적인 감정은 많은 사람이 원하지만 돈으로 살 수 있는 것이 아니다. 이것은 현존해 있을 때 따라오는 자연스러운 결과이며, 우리가 갖고 있는 줄도 모르고 있던, 그러나 날 때부터 우리 안에 주어진 타고난 권리다.

▌이 한마디

기다려야 한다고 짜증내지 마라. 지금 이 순간에 깨어 있는 연습을 할 시간이 덤으로 생겼으니, 이 얼마나 기쁜가?

 내 안의 성난 코끼리 길들이기

대중 매체
단식

● 연습법

한 주 동안 어떤 매체도 접하지 말아 본다. 여기에는 뉴스 같은 언론 매체, 메신저 등의 소셜 미디어, 오락거리 따위가 모두 포함된다. 라디오도, 엠피스리 플레이어도, 음악 시디도 듣지 말고, 텔레비전, 영화, 비디오도 보지 말고, 신문과 책, 잡지도 읽지 마라. 인터넷 서핑, 페이스북이나 트위터 같은 소셜 미디어 사용도 금지다.

옆 사람이 뉴스에 나온 사건을 이야기한다고 해서 귀를 틀어막을 필요는 없지만, 뉴스에 관한 대화에는 끼지 않도록 한다. 사람들이 왜 그러느냐고 묻거든 당신만의 이 특별한 단식에 대해 설명해 주자. 물론 직장이나 학교에서 필요한 자료라면 낭독은 할 수 있다.

그렇다면 이런 활동을 하지 않는 동안 무엇을 할까? 이 깨어 있기 연습은 한편으로는 매체 소비에 대한 대안을 발견하는 연습이기도 하다. 힌트를 주자면, 그대의 두 손으로, 몸으로 뭔가를 하라.

한 주간 기억하는 방법

텔레비전에 천을 씌워 놓는다. 자동차 라디오와 컴퓨터 모니터에 '이번 주는 뉴스나 오락거리 금지'라고 적은 종이나 표시 등을 붙여 놓는다. 잡지는 그냥 쌓이도록 놔두고, 정기 구독하는 일간지가 있다면 종류를 막론하고 재활용 통으로 곧장 집어넣는 것도 좋은 방법이다. 보통 휴가를 받으면 많은 사람이 이렇게 할 것이다. 그렇다면 지금이라고 못할 이유가 무엇인가?

길잡이

나는 현대인에게 아주 흔한 증상인 경미한 만성 불안증으로 힘들어하던 한 수련생을 위해 이 연습을 고안했다. 그는 6일간의 묵언수행을 끝낸 후 내게 고요한 마음 상태는 물론 행복감까지 느꼈다고 말했다. 하지만 그로부터 한 시간이 지난 점심시간, 나는 그가 평소처럼 세상의 이런저런 볼썽사나운 면에 대해 불같이 화내는 소리를 들었다. 자칭 '뉴스 중독자'인 그는 결국 이 대중 매체 단식을 마지못해 시작하게 되었다.

그는 새벽 명상을 하는 동안에는 자신의 마음 상태가 좋아지는 것을 발견했다. 하지만 명상이 끝나자마자 습관적으로 커피 한 잔을 손에 들고서 아침 뉴스를 켜면, "하여간 저런 작자들이 나라를 다 망쳐 놓는다니까"라는 말부터 튀어나왔다. 대중 매체 단식을 하는 동안 그는 집이나 직장에서 최신 뉴스를 족족 챙겨 보지 않아도 아무런 문제가 없다는 사실에 적잖이

 내 안의 성난 코끼리 길들이기

당황했다. 하지만 속으로는 그의 인내심 있는 아내가 그랬듯 한결 고요한 마음 상태를 경험하고 있었다.

'칩거'의 기간 동안 어려운 점 한 가지는 보통 대중 매체를 접하며 보내던 시간에 대체 무엇을 해야 할지 모르겠다는 것이다. 대안은 여러 가지가 있다. 명상을 할 수도 있고, 산책을 할 수도 있으며, 가족과 놀이를 하거나 손수 요리를 할 수도 있고, 마당에서 잡초 뽑기, 사진 찍기, 그림 그리기, 외국어 배우기, 악기 배우기, 혹은 그저 현관 앞 흔들의자에 앉아서 편안히 쉬기 등을 할 수도 있다. 그러다 보면 최신 뉴스를 모른다고 해서 멍청하거나 게으른 사람이 되지는 않는다는 사실을 발견하게 될 것이다.

사람들은 묻는다.

"그사이에 불이 나거나 폭탄 테러가 발생하거나, 아무튼 큰일이 벌어지면 어쩌려고요?"

그러면 나는 이렇게 대답한다.

"걱정하지 마세요. 정말 중요한 일이라면 누군가 와서 말해 줄 테니까요."

한 걸음 더

인류의 역사가 시작된 후 20만 년 동안 인간은 오로지 주변의 마을 사람들과 부족 사람들에게서만 뉴스를 접할 수 있었다. 누군가 태어나고 병들고 죽고 전쟁이 벌어지는 것을 눈으로 직접 보았지만, 그 규모는 사뭇 제한적인 것이었다. 40여 년 전부터 비로소 대중 매체가 전쟁, 자연재해, 고문, 기아 등 전 세계의 고통스러운 소식들을 우리의 귀와 눈으로 하루가 멀다

하고 쏟아 내기 시작했다. 우리가 손쓸 수 없는 이러한 고통은 우리의 머리와 가슴에 쌓이고 쌓여 그만큼 우리를 고통스럽게 한다. 우리의 마음이 폭력과 파괴, 고통의 그림들로 가득 차 넘칠 지경이 되었다면 이제 스스로를 비울 시간을 마련해야 한다. 대중 매체 단식은 그 좋은 방법 중 하나다.

트라우마가 있는 피해자들을 상담하는 사람들은 이른바 '제2차 피해'라는 것으로 힘들어한다. 그런 피해를 직접 당한 것이 아니라 그저 듣기만 하는데도 그들 역시 피해자들과 똑같은 트라우마 증상을 겪는 것이다. 텔레비전이나 뉴스에 노출되면서 우리 모두는 어느 정도 제2차 피해를 겪고 있다. 화면에서 쉬지 않고 방출되는 살인과 대량 학살, 지진, 치명적인 전염병과 관련한 생생한 영상이 그대로 우리 마음속으로 흘러 들어오기 때문이다. 이 끊임없는 폭력은 만성 불안증을 만들어 내고, 그렇게 우리의 가슴 또한 병이 든다. 세상은 불완전한 곳이다. 수백만의 무고한 사람들이 고통을 받아도 그것을 바꾸기 위해 우리가 할 수 있는 일은 그렇게 많지 않다.

우리가 이처럼 해로운 영상들을 덜 받아들일 수 있다면 고요하고 선명한 마음과 열린 가슴을 갖기도 그만큼 쉬워질 것이다. 이것이야말로 고통 가득한 세상 속으로 뛰어들어 긍정적인 변화를 만들어 내고 싶은 한 사람으로서 우리가 할 수 있는 최고의 기초 작업일 것이다.

▎이 한마디

부정적인 뉴스를 계속 접하다 보면 마음은 병들기 마련이다. 마음에 침묵과 아름다움, 사랑의 친교라는 명약을 선물하라.

 내 안의 성난 코끼리 길들이기

사랑의 눈길 보내기

• 연습법

이번 한 주, 사람들과 사물을 사랑의 눈길로 바라보는 연습을 해본다. 자신의 눈과 얼굴, 몸, 마음과 가슴, 시야에서 달라지는 것이 있는지 눈여겨보고, 사랑의 눈길로 바라보기로 한 것을 잊지 않도록 마음을 집중한다.

| 한 주간 기억하는 방법

눈이 나온 사진을 찾거나 그림을 그려 욕실 거울이나 냉장고, 현관문 안쪽 등 집 안 곳곳에 붙여 놓는다. 동공에 하트 모양이 있는 눈이면 더 좋다.

| 길잡이

사랑에 빠져 있을 때, 갓 태어난 아기나 귀여운 동물을 볼 때 우리는 자연스럽게 사랑의 눈길을 보낸다. 그런데 왜 그런 눈길을 더 자주 보내지 않을까? 이 연습을 하면서 우리는 우리가 평소에 세상을 바라보는 눈길이 전혀 사랑스럽지 않다는 것을 알게 된다. 중립적이거나, 아니면 다소 부정적이거나 비판적인 것이 보통이다. 우리가 방으로 들어섰을 때 제일 먼저 드는 생각은 카펫 위를 진공청소기로 밀어야겠다는 것이다. 또 아침에 일어나서 가족에게 인사할 때 잠깐 멈춰서 사랑의 눈으로 상대를 바라보는 대신, 서로 다른 곳을 보며 스쳐 지나가고는 "볼에 치약 묻었어"라든가 "오늘 그거 입을 거야?" 따위의 말을 내뱉는다.

우리는 서로를 사랑하지만, 그 사랑을 눈으로 표현할 수도 있다는 사실을 잊고 산다. 때로는 전화나 이메일처럼 간접적으로 이야기하는 것이 더 편하고, 희한하게도 더 친숙하다고 느낀다. 나는 여자 친구에게 하기 어려운 말이 있으면 직접 만나서 이야기하기보다는 문자를 보내고 답장을 기다린다고 말하는 10대 청년을 본 적이 있다. 그는 이렇게 말했다.

"얼굴을 보고 이야기하는 게 어려울 때가 있어요."

우리가 원하는 것은 상대와 더욱 가까워지는 것이건만, 막상 그렇게 가까이 있으면 불편하다고 느끼는 것이다.

세상을 사랑의 눈으로 보는 연습을 하면서 사람들은 사람과 사물을 바라보는 자신의 눈이 바뀌어 가는 것을 느낀다. 초점이 더욱 선명해지고, 마치 확대경으로 보고 있는 것처럼 작은 세부사항들까지도 잘 알아보게 된다. 어떤 사람들은 정반대로 시야가 한층 부드러워지거나 다소 흐릿해졌다고 이야기하기도 한다. 시야는 더 좁게 바뀔 수도 있고, 넓게 바뀔 수도 있다. 사랑의 눈길을 보낼 때 우리의 얼굴은 한층 부드럽게 보이고, 입가에는 엷은 미소가 걸린다. 머리와 가슴이 열리고, 비판적인 생각들이 녹아 없어진다.

우리가 보내는 눈길은 화난 눈길, 비판적인 눈길, 무관심한 눈길, 친절한 눈길, 사랑의 눈길 등 아주 다양하다. 어떤 눈길을 보내느냐에 따라 세상을 보는 시선도 달라진다. 세상은 적대적으로 인식될 수도 있고, 반가운 곳으로 인식될 수도 있다. 우리가 바라보는 사람도 우리가 어떤 눈길을 보내는지에 따라 크게 달라진다. 우리가 어떤 눈길을 보내느냐에 따라 우리의 행복은 물론 우리가 바라보는 사람들의 행복까지도 결정된다. 자기 자신을 안다는 것은 자신이 어떤 눈길로 세상을 바라보고 있는지를, 그리고 세상을 보는 눈을 자유롭게 선택할 수 있음을 안다는 것이다.

불교의 가르침에서는 다섯 가지의 눈이 있다고 말한다.

첫 번째 눈은 '인간의 눈'이다. 이 눈은 자신이 보는 영상이 완전하고 진실하다고 고집하는 육체의 눈이다. 하지만 우리가 받아들이는 가시광선은 전자기파 스펙트럼의 일부분에 불과하며, 곤충과 다른 동물들은 우리 인간이 보지 못하는 자연 속의 패턴이나 빛의 현상들을 감지할 수 있다.

두 번째 눈은 '신통의 눈'이다. 하늘에서 내려다보듯 훤히 보면서 인간 역시 모든 창조물의 끊임없는 흐름 안에 있음을 보는 눈이다. 우리는 때로 이 신통의 눈을 통해 세상을 본다. 예를 들어, 명상을 할 때나 망원경으로 볼 때인데, 그때 우리는 우주에서의 우리의 진정한 위치를 잠시나마 일별한다. 광대한 시간과 변화 안에서 아주 작고 짧은 불꽃에 불과한 인간의 자리를.

　세 번째 눈은 '지혜의 눈', 즉 '혜안'이다. 만일 '나'를 구성하는 분자들을 볼 수 있다면 우리는 우리 자신이 빈 공간 속에서 쌩쌩 소리 내며 달리는 에너지 입자들이라는 것을 알 수 있을 것이다. 시작도 끝도 없는 허공 속에서 여타 일시적인 에너지 덩어리들에 둘러싸여 있는 에너지 입자 말이다. 명상 중에 마음을 고요히 하고 '나'라는 것의 단적인 증거를 찾아 안을 들여다보면 발견되는 것이라고는 온기와 냉기, 압력, 움직임(실제로는 연속적으로 일어나는 것처럼 보이는 무더기 감각들), 그리고 우리가 '생각'이라고 부르는 마음의 감각과 '감정'이라고 부르는 몸의 감각들뿐이다. 생각이 아주 잠깐이라도 멈추면, 이 모든 감각을 한데 붙들어 주고 있던 '풀'이 떨어져 나가면서 '나'의 본모습을 보게 된다. 허공에서 떠다니는 거대한 감각 덩어리를 말이다.

　네 번째 눈은 '보살의 눈', 즉 '법안'이다. 법안은 모든 현상을 무(無)에서 나와 잠시 존재하다가 다시 스러져 갈 독특하고 귀한 존재로 본다. 법안으로 세상을 보는 자를 성인이나 보살이라고 한다. 고통받고 있는 존재들에 연민을 느끼며, 그들을 도우려고 하는 이들이다.

　다섯 번째 눈은 '부처의 눈'이다. 이는 앞의 모든 눈이 합쳐져 가장 높은 경지에 이른, 우리의 상상을 훨씬 뛰어넘는 눈이다.

　사랑의 눈길을 연습할 때 우리는 네 번째 눈, 즉 보살의 눈을 잠시나마 느끼게 된다. 사랑의 눈으로 세상을 본다는 것은 일방적인 경험이 아니며, 비단 시각적인 체험만도 아니다. 우리가 무엇인가에 사랑의 눈길을 보낼 때 그것은 우리 쪽에서 어떤 온기를 내보내는 것이지만, 놀랍게도 그 온기는 우리에게로 되돌아온다. 우리는 놀라서 이렇게 묻는다.

"정말 세상 모든 것이 사랑으로 만들어졌단 말인가? 그런데 내가 그것을 막고 있었단 말인가?"

❙ 이 한마디

사랑의 눈길은 사랑의 우주를 만들어 낸다.

15

비밀스러운
선행

• 연습법

한 주 동안 매일매일 비밀스러운 선행이나 친절한 행위를 해본다. 타인에게 정겨운 행동을 하거나 필요한 것을 채워 주되 익명으로 하는 것이다. 아주 작고 간단한 행동이어도 상관없다. 다른 사람이 개수대에 놓아둔 접시를 대신 씻어 주거나, 길가에 떨어진 쓰레기를 줍거나, 욕실 세면대를 닦거나, 익명으로 기부하거나, 동료의 책상에 초콜릿을 올려놓을 수도 있다.

❘ 한 주간 기억하는 방법

책상에 공책 한 권을 마련해 두고 다음 날 어떤 비밀 선행을 할지 자기 전에 계획을 세우고 적어 둔다. 집이나 직장에서 내 눈에만 잘 띄는 곳에 조그마한 요정 사진을 붙여 놓는 것도 좋다.

다른 사람들을 위해 비밀스럽게 좋은 일을 계획하고 또 행하는 것은 기대 이상으로 재미있다. 이 연습을 열심히 하기 시작하면 자신도 모르게 새로운 아이디어를 찾아다니게 되고, 그러면서 할 수 있는 선행의 종류도 점점 늘어난다.

"내일은 그 동료의 책상 위에 따뜻한 차 한 잔을 몰래 갖다 놔야겠어. 아니면 그의 운동화에 묻은 진흙을 털어 주어야겠다."

마치 한밤중에 몰래 좋은 일을 하고 사라지는 '비밀스러운 선행'이라는 이름의 영웅이 된듯한 느낌일 것이다. 들키지 않으려고 노력하다 보면 재미는 배가된다. 그리고 솔직히 말해, 끝내 들키지 않거나 아무도 알아봐 주지 않으면 어쩐지 실망스럽기도 하다. 더 재미있는 것은 우리가 몰래 가져다준 선물에 상대가 고마움을 표시할 때 모르는 척 가만히 있어야 한다는 것이다.

모든 종교는 너그러움에 높은 가치를 둔다. 성경은 받는 것보다 주는 것이 더 행복하다고 말한다. 이슬람교에서는 두 종류의 자선 행위를 권장하는데, 하나는 가난한 사람들과 고아들을 돌보기 위한 의무적인 자선이고, 다른 하나는 장학금이나 기부금과 같은 자발적인 자선이다. 의무적인 자선은 자선을 베푼 자의 나머지 재산을 정결하게 하는 것으로서 일종의 기도나 찬양 행위로 여겨진다. 사람들은 비밀스럽게 행하는 자발적인 자선이 공개적인 자선보다 일흔 배나 값어치가 높다고 여긴다.

내가 아주 즐겨 하는 연습 중에 '메타(Metta, 고대 인도어인 팔리 어로 자애, 조건 없는 우정이라는 뜻이며, 그런 미덕을 기르기 위한 명상 수련을 가리키기도 한다_옮긴이)로

운전하기'라는 것이 있다. 일터로 차를 몰고 가는 동안, 나는 길에서 만나는 모든 사람들(인도에서 걸어가는 사람, 자전거를 타고 지나가는 사람, 급하게 차를 몰고 가는 무례한 운전자 등)에게 고요하게 말한다.

"불안에서 자유로워지기를……. 평안하기를……."

이런 비밀스러운 행동이 그들에게 도움이 되는지 아닌지는 알 수 없지만, 내게 도움이 된다는 것은 분명하다. '메타로 운전'하며 출근한 날은 언제나 한결 수월하게 지나간다.

▎한 걸음 더

우리의 성격은 다른 사람들에게 사랑과 보살핌을 받기 위해 우리가 만들어 낸 수많은 전략에서 형성된 것이다. 그래야 원하는 것을 얻을 수 있고, 스스로를 안전하게 지킬 수 있다고 생각했기 때문이다. 긍정적인 인정을 받을 때 우리는 그것을 사랑과 성공, 안전의 표시로 해석하며 마음을 놓는다. 이 연습은 우리가 다른 사람들을 위해 좋은 일을 하고 싶은 마음을 그래도 좋을지 모르겠다면서 그동안 얼마나 억누르고 있었는지를 잘 보게 해준다. 선불교의 수련은 '그저 할 뿐'이라는 것을 강조한다. 그것이 좋은 행위라는 생각이 든다면 주위의 칭찬이나 비난에 개의치 말고 곧장 행하는 삶을 살라는 것이다.

한 수도승이 중국의 대주혜해(大珠慧海) 선사에게 물었다.

"선 수련으로 들어가는 문은 무엇입니까?"

선사는 대답했다.

"전부 다 주는 것이네."

부처님은 말씀하셨다.

"사람들이 자신이 가진 것을 나누는 기쁨을 안다면 나누지 않고 자기 혼자 쓰면서 즐거워하지 않을 것이며, 인색함이라는 더러움이 그들의 가슴을 점령하지도 않을 것이다. 자신에게 남은 마지막 한입이라 하여도, 접시 위의 마지막 한 조각이라 하여도 나눠 먹을 사람이 옆에 있는데 혼자 먹고서 즐거워하지는 않을 것이다."

부처님은 너그러움이란 깨달음에 이르는 가장 효과적인 길이라면서 그 가치를 끊임없이 설파하셨다. 또한 마실 물이나 음식, 잠자리, 옷, 교통수단, 빛, 꽃처럼 소박한 선물을 자주 나누라고 권하셨다. 먹다 남은 음식 부스러기를 개미에게 줄 수 있으니 가난한 사람일지라도 얼마든지 너그러울 수 있다고 말씀하셨다. 물질이든 시간이든 뭔가를 내줄 때마다 우리는 우리가 "내 것, 내 것" 하면서 그토록 열심히 모으고 필사적으로 지켜 온 산더미 같은 소유물을 조금이나마 놓아 버린다.

이 한마디

너그러움은 가장 높은 덕이고, 남몰래 주는 것은 그중에서도 가장 지고한 덕이다.

Chapter 16

세 번의
심호흡

• 연습법

하루 동안 될 수 있는 대로 자주 마음에 짧은 휴식을 준다. 세 번 심호흡하는 동안 내면의 목소리에게 침묵해 달라고 부탁하라. 내면의 라디오나 텔레비전을 잠시 꺼두는 것이다. 그런 다음, 모든 감각을 열고 색깔을, 소리를, 감촉을, 냄새를 그저 느껴 본다.

한 주간 기억하는 방법

'3'이라고 적은 종이를 곳곳에 붙여 놓는다. 머리 위에 텅 빈 말풍선을 달고 있는 사람을 그 옆에 그려 넣어도 좋다. 불규칙한 간격으로 알람이나 휴대전화가 울리도록 시간을 맞추어 놓는 것도 도움이 된다.

처음 명상이나 묵상 기도를 시작하면 사람들은 쉬지 않고 돌아가는 마음에서 벗어난 해방감을 경험하고, 행복을 느낀다. 그러나 집중이 깊어지면 마음이 마치 지치지 않는 두 살배기 아이와 같아서 도무지 가만히 있을 줄을 모르며, 단 몇 분도 지금 이 순간에 편안히 쉴 줄 모른다는 사실을 발견하고 당혹스러워한다. 마음은 하루 온종일 분주하다. 과거로 여행을 떠나서 기쁨과 상처들을 되살려 내고, 또 어느샌가 미래로 달려 나가서는 수백 가지 계획을 짠다. 공상 속으로 도피해서 제 욕구들을 충족시켜 줄 상상의 세계를 만들어 내기도 한다.

명상 초심자들은 자신의 내면의 목소리를 발견하게 되는데, 그것은 비교하고 비난하고 합리화하면서 끊임없이 주절거린다. 이 단계에 이르면 사람들은 명상을 그만둘까 고민 중이라고 고백한다. 마음속이 전보다 훨씬 더 시끄러워진 것 같다고 느끼기 때문이다. 마음은 수련 시간이 끝나면 곧바로 분주히 돌아다니며 끝없는 자기 비난을 쏟아 낸다. 우리는 한 발 앞으로 나가는 대신 퇴보하는 것 같은 기분이 된다.

마음은 마치 선심 쓰듯 '잠깐 동안만 조용히 있기'라는 게임을 함께 해 준 것과 같다는 식이다. 우리가 마음을 정말로 고요하게 만들려고 하며, 심지어 얼마 동안은 마음의 끊임없는 지시 없이 있어 보려고 한다는 것을 알고 나면, 마음은 기겁을 하고는 쳇바퀴 안의 다람쥐처럼 혼비백산 맴을 돌기 시작한다. 마음은 자기 방어 태세로 들어가서 문제의 원천을 날카롭게 지적하면서 다른 사람들을 판단하고, 나 자신을 비난하게 만들려고 노력한다. 이런 부정적인 생각과 감정이 마음을 가득 채우면 우리는 깨어 있기 수련에 대한 의지가 흔들리다가 결국은 그만두고 싶어진다.

'세 번의 심호흡'이라는 이 간단한 수련은 우리에게 커다란 위안을 준다. 이 연습은 걷잡을 수 없이 가라앉기만 하는 기분을 끊어 버리고, 깨어 있기 수련을 새로이 시작하게 해준다. 우리는 마음에게 조금만 쉬어 보라고, 딱 세 번 심호흡할 동안만 온전히 고요하게 있어 보라고 부탁한다. 숫자 셋을 따로 셀 필요도 없으니 심호흡을 편안하게 즐길 수 있다. 세 번의 심호흡을 마치고 마음이 조금 부드러워졌다면 다시 한 번 오롯이 마음을 모아 세 번의 심호흡을 더 해본다. 지금 이 순간 안에서 한결 더 편하게 쉬게 되었다면 마음은 이제 자연스럽게 안정될 것이다. 그러고 나면 힘들이지 않고 조금 더 오래 지금 이 순간에 현존할 수 있게 되고, 그럴 때 몇 번 더 심호흡을 하면 편안하게 깨어 존재할 수 있게 된다.

❙ 한 걸음 더

우리의 마음은 한밤중에도 쉬지 않는다. 꿈을 만들어 내고, 낮에 소화하지 못한 일들을 처리한다. 그 모든 정신적 활동, 이런저런 선택과 가능성들은 혼란과 피로를 안겨 준다. 몸에 규칙적인 휴식이 필요하듯 마음에도 휴식이 필요하다.

전적인 침묵, 그 순수한 깨어 있음 속에 마음을 쉬어 줄 때 마음은 본래의 자연스러운 상태로 되돌아간다. 이런 휴식이 강박적 사고라는 우리의 습관을 조금씩 깨뜨려 준다. 우리는 마음이 우리 삶에서 일어난 모든 사건에 대해 이러쿵저러쿵 떠드는 것을 듣고 있을 필요가 없다. 우리가 맞닥뜨리는 모든 상황과 사람들에 대해서 비평하는 마음의 목소리를 듣고 있을

 내 안의 성난 코끼리 길들이기

이유가 없다. 마음의 이러한 이야기와 비평은 우리가 있는 그대로의 삶을 그저 경험하는 것을 가로막는다.

　마음은 두 가지 기능을 갖고 있다. 하나는 '생각'이고, 다른 하나는 '알아차림'이다. 갓 태어난 신생아일 때 우리 마음속에는 아무런 단어도 없다. 우리는 순수 의식 속에서 살아간다. 그러다 말하기를 배우면서 단어들이 우리의 마음과 입 속을 채우기 시작한다. 나의 두 살짜리 손녀는 단지 말하기라는 새로 배운 기술을 연습하기 위해 온종일 재잘거리는데, 그러면 주변에 있던 어른들은 하나같이 함박웃음과 칭찬을 아낌없이 쏟아붓는다. 말하기 학습은 이처럼 아이의 발달 과정에서 필수적이지만, 그것은 또한 머릿속에서 쉴 새 없이 말을 쏟아 내는 마음의 시작이기도 하다. 이 내면의 수다에는 에너지가 필요하다. 마음은 그 생각 기능을 끄고 알아차림 기능을 켤 수 있을 때, 오직 그때에만 진정으로 쉴 수 있다. 보통 우리는 적어도 30분 정도 명상을 하거나 기도를 통해 내면의 중심으로 들어가야만 이런 상태를 경험한다. 하지만 하루 중 언제라도 마음에 짤막한 휴식을 줄 수도 있다. 휴식을 취할 때, 세 번 심호흡하는 짧은 순간뿐이라 하더라도 마음은 생기로워지고 선명해진다.

　부처님은 "길들여지지 않은 마음은 야생의 흉포한 코끼리와 같다"라고 말씀하셨다. 야생 코끼리는 거칠게 내달리면서 제 힘을 다 낭비해 버린다. 그 힘을 잘 다루려면 먼저 코끼리를 말뚝에 묶어야 한다. 이것이 바로 우리가 호흡할 때 하는 것이다. 즉, 호흡이라는 말뚝에 마음을 가져다 매는 것이다. 그다음에는 야생 코끼리에게 고요히 있는 법을 가르쳐야 한다. 마음에게 자기 자신을 비우고 선명하게 깨어 있지만 편안한 상태로 서있는 법을 가르치는 것이다. 앞으로 일어날 일들을 가만히 기다리면서 말이다.

마음이 뭔가를 만들어 내려는 태세에서 받아들이는 상태로 스위치를 바꿀 때, 우리는 아기 시절의 순수 의식 상태로 돌아간다. 우리는 무한한 근원(Source)에 다시 연결될 수 있다. 그것을 경험한다면 환희에 찬 마음은 이렇게 물을 것이다.

"우리 이것 좀 더 자주 하면 어때?"

▌이 한마디

심호흡 딱 세 번 할 동안만 마음을 조용히 시켜 보라. 필요하다면 이 간단한 연습을 반복해도 좋다.

Chapter 17

새로운 공간으로
들어설 때

• 연습법

우리는 이 깨어 있기 연습을 다른 말로 '문에 깨어 있기'라고 부른다. 하지만 이는 실제로는 어떤 종류든 공간을 옮겨 갈 때, 즉 한 공간을 떠나 다른 공간으로 들어갈 때 알아차림의 상태를 유지하는 것을 가리킨다. 문을 통과할 때 단 1초라도 잠시 멈추어서 숨을 한 번 들이쉬어 보자. 새로운 공간으로 들어갈 때마다 차이점이 느껴지지는 않는지 깨어 알아차려 보자.

이 연습은 새로운 공간으로 옮겨 갈 때 문을 조심스럽게 닫도록 주의를 기울이는 연습이기도 하다. 우리는 전에 사용한 공간을 잘 마무리하는 것을 잊은 채 새로운 공간으로 급히 옮겨 가는 일이 많다. 문을 닫는 것을 아예 잊어버리기도 하고, 쾅 소리가 나게 닫기도 한다.

한 주간 기억하는 방법

커다란 별처럼 눈에 잘 보이는 표시를 자주 드나드는 문에 붙여 놓는다. 방문, 차고 문, 창고 문, 지하실 문, 서재의 문, 어느 문이든 상관없다. 문을 열 때 쓰는 손의 손등에 'ㅁ'자 등 특별한 표시를 해도 좋다.

길잡이

이 연습을 처음에는 번번이 못 지킨다고 해도 너무 실망할 것 없다. 우리가 선원에서 오랫동안 해본 연습 중 가장 난이도 높은 연습이니 말이다. '문. 문. 문을 통과할 때 깨어 있자'라고 속으로 생각하면서 문을 향해 걸어가다가 별안간 정신을 차려 보니 벌써 문 건너편에 있는 자신을 발견할 것이다. 문을 어떻게 지나왔는지는 기억도 안 난다. 하지만 1년에 한두 차례, 한 주간 이 연습을 하고 나면 훨씬 숙달될 것이며, 그러다 보면 결국은 문 같은 유용한 장벽이 없을 때도 매우 명료한 의식으로 새로운 공간으로 들어가게 될 것이다.

공간들 사이의 차이점은 실내에서 실외로 옮겨 갈 때 가장 분명하게 느껴진다. 온도, 공기, 냄새, 빛, 소리, 심지어 감정에서까지도 선명한 변화가 있다. 그리고 연습을 반복하다 보면 차이가 아주 미세한 실내의 공간들을 들고 날 때조차 그런 변화를 감지할 수 있게 된다.

어떤 사람이 하루 동안 문을 통과한 횟수를 기록해 보았더니 무려 240회가 넘었다고 한다. 그러니 하루 동안 깨어 있기 연습을 할 수 있는 기회도 그만큼 많은 것이다. 이 연습은 창조성을 마구 자극하여 새로운 연습법을 만들어 내게 하기도 한다. 예를 들어, 어떤 사람은 실제 문을 열고 닫을 때의 연습에서 한 발 더 나아가 이런 생각에서 저런 생각으로 넘어갈 때 마음속 '문'을 열고 닫듯 알아차리는 연습을 추가했다. 그는 명상 중에 마음이 제멋대로 새로운 '공간'으로 들어갈 때도 아주 금방 알아차렸다. 또 어떤 사람은 문을 쾅쾅 닫는 습관이 평생 몸에 배어 있었는데, 문을 조심스레 닫는 법을 드디어 터득할 수 있었다. 또 새로운 공간으로 옮겨 갈 때마다 자신의 마음을 그 공간의 크기만큼 확장하는 연습을 해보았다는 사람도 있다.

한 걸음 더

나를 포함해 우리 선원의 많은 사람이 이 연습을 몇 주 동안 반복하고서야 문을 통과해 걸어가는 동안 겨우 절반쯤 깨어 있을 수 있었다. 그러던 중 우리가 가장 많이 지나다니는 문 앞의 어두침침한 복도에 누군가가 커다란 플라스틱 유리판을 걸어 놓았는데, 그 덕분에 모두 꽤 발전을 보였다. 하지만 그렇다 해도 우리 모두 몇 번은 유리판을 그대로 들이받고 지나가기 일쑤였고, 심지어 유리판을 매단 본인도 마찬가지였다. 유리판에 머리를 찧은 몇 사람만이 깨어 있기 연습을 상기할 수 있었다.

우리는 왜 이 연습이 그토록 어려운지에 대해서 곰곰이 생각해 보았다. 그러던 중 누군가 탁월한 답을 내놓았다. 문 쪽으로 걸어갈 때 우리의 마음은 이미 미래를 향해, 우리가 앞으로 마주치게 될 일들을 향해 달려가고 있다는 것이다. 마음의 이러한 움직임은 뚜렷하게 인식되지 않는다. 주의 깊게 살펴보아야만 보인다. 그렇게 우리는 우리가 지금 이 순간 뭘 하고 있는지 의식하지 못한 채 순식간에 다음으로 넘어가 버린다. 그렇게 깨어 있지 않은, 혹은 반만 깨어 있는 마음으로도 우리는 안전하게 문을 열고, 가려던 곳으로 옮겨 가는 것이다.

우리는 이렇게 하루 중 상당 시간을 몽유병 환자처럼 움직이고, 꿈속에 사로잡힌 채로 세상을 누비고 다닌다. 반만 깨어 있는 이러한 상태가 바로 불만족감과, 뭔가가 잘못된 것 같다는, 삶과 나 사이에 틈이 벌어져 있는 것 같다는 떨쳐지지 않는 느낌의 원천이다. 그리고 그 느낌은 맞는 것이기도 하다. 지금 이 순간에 현존하는 법을 배울 때, 그 틈새는 조금씩 닫히고, 삶은 더욱 생생하고 만족스러운 것이 된다.

▌이 한마디

모든 물리적 공간, 그리고 당신이 맞닥뜨리는 모든 마음속 공간을 깨어 음미해 보라.

Chapter **18**

나무
눈여겨보기

• 연습법

이번 한 주 동안은 주변의 나무들에 주의를 기울여 본다. 서로 다른 모양, 서로 다른 높이, 가지가 뻗어 나간 모양, 잎의 색깔과 모양 등 주의 깊게 살펴볼 측면들이 아주 많다. 마음으로 분석하는 일은 없도록 하라. 그저 주의를 기울여 바라보고, 나무를 음미하자. 주변에 나무가 없다면 선인장이나 수풀, 잔디도 괜찮다.

나무를 주의 깊게 바라보기에 좋은 시간은 걸어 다닐 때나 운전할 때, 혹은 창밖을 내다볼 때다. 여건이 된다면 공원이나 숲 속의 나무 사이, 또는 길가의 가로수를 따라서 걸어 본다. 나뭇잎과 나무껍질을 가까이에서 들여다보고, 나무가 숨 쉬고 있다는 것을 알아차려 본다. 나무가 내뱉는 것(산소)이 곧 우리가 들이마시는 것이다. 반대로 우리가 내뱉는 것(이산화탄소)은 나무가 들이마시는 양식이 된다.

자동차의 계기판과 자주 내다보는 창문에 작은 나무 사진을 붙여 놓는다.

| 길잡이

우리 삶에서 나무는 '벽지의 일부분' 정도로 치부되기 쉽다. 우리는 나무의 존재를 그저 당연한 것으로 받아들이고, 나무를 하나하나 자세히 보지 않는다. 하지만 적극적인 자세로 나무를 바라보기 시작하면 우리는 나무가 어디에나 있으며, 그 모양이 저마다 다양하다는 것을 알게 된다. 우리가 지나치는 초록색 나무와 풀들에 얼마나 다양한 색조가 들어 있는지 알아차리는 것은 그 자체만으로도 아주 놀라운 깨어 있기 연습이다. 화가들은 나무껍질에 갈색뿐 아니라 보라색이나 오렌지색 등 수많은 색깔이 들어 있음을 금방 안다.

이 연습을 하면 나무가 계절에 따라 어떻게 바뀌는지 금방 눈에 들어온다. 봄에는 조그마한 새순의 여리고 투명한 연둣빛을, 가을에는 노랑과 주황, 붉은색을 보게 된다. 겨울에는 나무의 뼈대가 눈에 들어오는데, 그 가지들의 모양이 또한 각양각색이고, 여름에 이파리가 무성할 때는 그 속에 지어진 다람쥐의 나뭇잎 집이나 새들의 둥지도 제각기 다양한 모양으로 눈에 들어온다. 우리는 나무의 이름이 궁금해지고, 또 하나씩 알아가게 된다.

우리 선원의 숲 속에는 200년쯤 된 거대하고 이파리도 큼직큼직한 단풍나무가 한 그루 있다. 우리는 그것을 '대저택 단풍나무'라고 부르는데, 그 안에 깃들어 사는 생물들이 양치식물, 줄다람쥐, 지네 등 수만 종에 이르기 때문이다. 우리는 그 나무가 살면서 얼마나 많은 것을 보았을지 상상해 볼 수 있다. 살쾡이, 뾰족뒤쥐, 사슴, 아메리칸 인디언, 핀란드 농부들, 가사를 입은 선불교 승려들……. 다 열거하려면 아마 끝이 없을 것이다.

매년 여름 우리 선원에서는 일주일간 묵언수행을 하면서 나무와의 연결을 되살리는 연습을 한다. 모든 참가자가 숲 속에서 나무 하나를 정해 그 아래에 앉아서 낮은 물론 밤에도 함께 있는 시간을 갖는다. 사람들은 이 사귐의 시간에 저마다 중요한 것을 배운다. 나는 복잡한 문제로 머리가 아플 때면 언제나 숲으로 가서 나무에 등을 기대고 앉는다. 나는 축축한 땅속 깊은 곳의 나무뿌리 끝에서부터 산들바람에 흔들리는 꼭대기의 이파리 끝까지를 상상 속으로 느끼면서 내 의식을 나무의 의식과 하나로 합쳐 본다. 그리고 나서 내 딜레마에 대해서 나무는 어떻게 생각하는지 물어본다. 그러면 언제나 도움을 얻는다.

한 걸음 더

나무와 풀이 끊임없이 우리와 숨을 주고받는 관계라는 사실에 깨어 있는 연습을 하다 보면 우리가 실로 모든 존재와 연결되어 있다는 사실이 생생하게 느껴지기 시작한다. 꼭 식물학자나 나무 전문가가 아니어도 이처럼 도처에서 만날 수 있는, 우리를 살게 해주는 고마운 도반들을 알아보고 발을 잠깐 멈추는 것은 어렵지 않은 일이다. 우리는 생물들이 소리를 내거나 움직이거나 우리 눈을 빤히 들여다보면서 우리의 주의를 끌지 않는 이상 그들에게 눈길을 주지 않는다. 나무가 늘 있던 자리에서 사라진다면 그제야 눈치챌 것이다.

나무가 없어진다면 우리는 끔찍한 무더위에 시달리게 될 것이고, 병에 걸릴 것이며, 결국 죽고 말 것이다. 어린 나무 한 그루는 방 열 개 크기만 한 에어컨이 주는 냉방 효과를 준다. 나무는 우리가 내뱉는 이산화탄소를 들이마시고 산소를 내뿜어 주니 우리와는 짝꿍과도 같은 존재다. 1,000제곱미터 대지에 심어진 나무들은 해마다 1톤의 산소를 만들어 내는데, 이는 성인 네다섯 명이 1년간 양껏 호흡할 수 있는 양이다.

나무와 같은 자연환경을 단 몇 분 바라보는 것만으로도, 심지어 나무 사진을 바라보는 것만으로도 혈압이 낮아지고, 근육 긴장이 풀리고, 두려움과 분노 수치가 낮아지고, 통증이 감소하고, 스트레스가 줄어들며, 수술 회복 시간이 단축된다는 연구 결과가 많이 있다. 우리 인간은 나무, 풀과 함께 20만 년 이상 살아왔다. 거의 모든 사람이 직육면체 공간에 갇혀 생활하고 일하고 이동하는, 사실상 온종일을 보내는 세상이 온 것은 불과 몇십 년 전이다. 우리는 우리를 먹여 살리고 치유해 주는 자연과 단절될 때 고통을 받는다.

한번은 어떤 식물학자가 우리 선원에 와서 선원 주변에 있는 풀에 대해 가르쳐 주었다. 그는 선원 주변을 걸어 다니는 동안 연방 행복의 탄성을 질렀다.

"어머나, 빨간 월귤나무 덤불이 정말 크군요!"

"이야! 노란 제비꽃이 이렇게 많이 핀 건 처음 보네요."

나는 그를 따라다니면서 그가 어디를 가든 마치 반가운 친구들을 만난 것 같은 내면 상태에 있다는 것을 알 수 있었다. 그는 모르는 선원에 혼자 와있는 것이 아니었다. 그는 그저 존재만으로도 기쁨을 주는 친구들과 늘 함께 있었던 것이다. 나는 아마 새를 관찰하러 다니는 새 애호가들도 같은

  내 안의 성난 코끼리 길들이기

기분일 것이라고 생각한다. 그들 역시 자신의 사랑스러운 친구들과 결코 떨어져 있지 않은 것이다.

이 연습은 우리 주변의 모든 생물에 꺼어 있도록 의식을 열어 주기 때문에 수많은 현대인이 전염병처럼 앓고 있는 외로움에 해독제가 될 수 있다. 심지어 도시 안에도 동물과 새, 식물, 곤충들이 늘 우리 주변에 있다. 우리 몸속에도 살아 있는 생물이 수십억 가가 되며, 그중 대부분은 몸을 이롭게 하는 것들이다. 그 생물들의 삶은 으리의 삶과 서로 연결되어 있고, 그들은 우리의 건강에 반드시 필요하며, 우리 역시 그들에게 꼭 필요하다. 우리의 마음이 오로지 자신만을 걱정하며 굳게 닫혀 있다면 우리는 스스로 외로움을 만들어 내는 셈이다. 주변의 모든 살아 있는 존재들을 의식하며 가슴을 연다면 우리는 그들과 연결될 수 있고, 그렇게 외로움도 녹아 없어질 것이다.

이 한마디

부디 기억하라, 나무를 비롯한 무수한 존재가 늘 당신을 살리고 있다는 것을. 당신은 결코 혼자가 아니다.

손
쉬어 주기

• **연습법**

하루 중 여러 번, 손을 온전히 쉬어 준다. 적어도 2~3초 동안 손을 완전 멈춤 상태로 유지해 보자. 두 손을 무릎 위에 올려놓은 뒤 가만히 있는 손의 미묘한 감각들에 의식을 집중하는 것도 좋은 방법 중 하나다.

한 주간 기억하는 방법

손목시계를 거꾸로 찬다. 손목시계를 차지 않는 사람이라면 손목에 끈이나 고무줄을 두른다.

길잡이

손은 언제나 바쁘다. 바쁘지 않다면 뭔가 일을 하려고 다소 긴장된 상태에 있다. 손은 우리가 정신적으로 편안한 상태인지 불편한 상태인지 말해 준다. 많은 사람이 손등을 문지르거나, 두 손을 꼭 쥐거나, 얼굴에 손을 올리거나, 손가락으로 뭔가를 두드리거나, 손톱을 잡아 뜯거나, 손가락 관절을 꺾는 등 무의식적으로 불안해하는 손동작을 한다. 처음 명상을 배울 때 사람들은 손을 가만히 두는 것을 어려워하는 경우가 많다. 그들은 좀처럼 가만있지 못하고 손의 위치를 계속 바꾸기도 하고, 아주 경미한 간지러움이 느껴져도 손을 냅다 올려서 긁어 댄다.

손을 쉬어 주면 우리 몸 전체가, 심지어 마음까지도 쉴 수 있다. 손을 쉬는 것은 마음을 고요하게 하는 한 가지 방법이다. 우리는 또한 손이 무릎 위에 가만히 놓여 있을 때 소리를 더욱 귀 기울여 들을 수 있다는 것을 알게 될 것이다.

이 연습을 하면서 나는 운전을 하는 동안 운전대에 올린 손에 힘이 꽉 들어가 있다는 것을 깨달았다. 이제 나는 내가 무의식적으로 또 이 습관을 반복하고 있지 않은지 확인하고, 힘이 들어가 있다면 꽉 쥔 손아귀를 편안하게 푼다. 나는 운전대를 한결 가볍게 쥐고도 그전과 마찬가지로 안전하게 운전할 수 있다는 사실을 발견했다. 가끔은 운전대를 잡은 손에서 편안하게 힘을 빼고 나서 10분 뒤에 보면, 다시 습관적으로 손에 힘이 꽉 들어가 있기도 하다. 바로 그 때문에 마음모음 연습을 '수련'이라고 하는 것이다. 정말로 깨어 있게 되기까지 우리는 같은 연습을 반복, 또 반복해야 한다. 우리는 연습을 시작했다가도 이내 다시 무의식적인 행동으로 돌아가고, 그랬다가 다시 알아차림 상태로 돌아와 수련을 시작한다. 이 과정을 몇 번이고 반복하는 것이다.

몸과 마음은 같이 움직인다. 마음을 편안하게 하면 몸도 긴장을 풀고, 몸이 고요하면 마음도 고요히 안정된다.

긴장은 우리 삶의 거의 모든 일에 불필요하다. 그것은 에너지 낭비다. '몸 훑어보기(Body scan)'라는 명상이 있다. 우리 몸에 숨어 있는 무의식적인 긴장을 발견하여 그것을 부드럽게 하거나 풀어 버리도록 도와주는 명상이다. 먼저 고요하게 앉아서 머리부터 시작해 한 번에 한 부분씩 몸에 의식을 집중한다. 두피와 머리카락에서는 어떤 감각이 느껴지는가? 일단 감각이 느껴졌다면 그 부분에 쌓인 어떤 종류의 긴장이든 모두 알아차리고, 숨을 내쉴 때 부드럽게 풀어 주거나 내려놓아 본다. 그다음은 이마, 그다음은 눈, 이런 식으로 한 번에 한 부분씩 옮겨 간다. 긴장이 무의식중에 얼마나 쌓여 있는지, 어느 부위에 몰려 있는지 등을 발견하는 것은 남다른 재미다.

우리는 대개 삶 대부분을 두 가지 방식 중 하나로 살아간다. 밤에는 편안하게 긴장을 풀고, 잠이 든 상태로 누워 있다. 그러다 알람시계가 울리면 몸을 일으켜서 낮에 활동하는 방식으로 얼른 상태를 바꾼다. 척추를 곧게 세워서 긴장을 유지한 채로 방심하지 않고 깨어 있는 것이다. 바쁜 생활 속에서 똑바로 서있는 동시에 긴장을 풀고 편안하게 있을 수 있는 순간은 그리 많지 않다. 안타깝게도 누워 있으면서도 이완되어 있지도, 잠들어 있지도 않은 경우마저 있다. 대신 생각에 잠겨서 불안해하고, 자꾸만 몸을 뒤척이며 잠들지 못한다.

주의 깊게 깨어 있으면서도 이완되어 있는 상태를 우리는 휴가 때 경험한다. 우리는 충분히 휴식을 취한 뒤 평소보다 늦게 잠에서 깨고, 머릿속에 아무런 생각이나 지켜야 할 계획이 없는 상태로 자리에 한동안 더 누워 있다. 창밖에서 나는 새소리, 청소차의 소리를 듣지만, 몸이나 마음에는 긴장이 없다. 나의 어머니는 이것을 '틈새 시간', '중요한 일에 대해 곰곰이 생각하기에 가장 좋은 시간'이라고 부르곤 했다. 그 시간이 심사숙고하기에 좋은 시간이라는 말은 맞는 말이다. 마음이 오로지 자신의 생존을 외치며 온갖 걱정에 휩싸여 있지 않으므로 중요한 문제들을 한층 더 깊이 들여다볼 수 있기 때문이다. 명상 중에 우리는 이런 '틈새 시간'을 의도적으로 늘린다.

우리는 의도적으로 몸을 곧게 세우고 깨어 있으면서도 긴장을 풀고 편안한 상태가 된다. 처음에는 그렇게 되기가 쉽지 않다. 명상을 제대로 하고 있지 않은 것 같다는 걱정, 깨달음에 이르지 못할 것 같다는 근심 속으로 빠져들기 쉽다. 긴장으로 어깨가 아파 오기도 하고, 반대로 긴장이 너무 풀리면서 졸음이 와서 깊은 잠에 들뻔하다가 소리에 놀라 깨어나기도 한다. 긴장과 이완 사이에서 균형을 잡으려면 시간이 조금 걸린다.

❘ 이 한마디

손을 쉬어 주는 것은 온몸과 마음을 쉬어 주는 것과 같다는 것을 기억하라.

20 Chapter

"네"라고
말하기

- **연습법**

이것은 맞닥뜨리는 모든 사람과 상황에 "네"라고 말하는 연습이다. "아니요" 라고 반대하고 싶은 충동이 생긴다면 그것이 정말로 꼭 필요한 것인지 한 번 더 생각해 보자. 자신이나 타인에게 위험한 경우만 아니라면 다른 이들에게, 그리고 당신 삶에서 일어나는 모든 일들에 그저 동의해 보자.

한 주간 기억하는 방법

집과 직장의 눈에 잘 띄는 곳에 '네'라고 적은 종이를 붙여 놓는다. 자주 볼 수 있도록 손등에도 '네'라고 쓴다.

이 연습을 하다 보면 우리가 얼마나 자주 부정적이거나 반대하는 입장을 취하는지 알게 된다. 누군가 말을 걸 때, 특히 뭔가를 해달라고 부탁하는 경우, 자신의 마음이 자연스럽게 방어와 반론을 만들어 내는 것을 볼 수 있을 것이다. 중요한 문제가 아니라면 반대 의견을 표명하고 싶은 마음을 포기할 수 있겠는가? 일상적인 일들에 대해서 우리가 어떤 태도를 갖는지 지켜볼 수 있겠는가? '아니, 왜?'라는 생각이 자동적으로 들지는 않는가?

반대 입장을 취하는 우리의 습관은 생각('그 사람이 하는 말에 나는 동의하지 않아'), 몸짓 언어(근육 긴장, 팔짱 끼기), 말("그건 말도 안 되는 소리예요"), 행동(고개 내젓기, 두 눈 크게 뜨며 눈동자 굴리기, 말하고 있는 사람 무시해 버리기) 등 다양한 형태로 드러난다.

특정 직업을 가진 사람들은 이 연습을 하기가 곤란하다고 호소한다. 예를 들어, 변호사는 계약서에서 오류를 찾아내거나 증인 및 다른 변호사가 하는 말에서 결점을 지적해 내는 훈련을 받은 사람들이다. 학자들은 다른 사람의 이론과 연구 결과를 논박하는 훈련이 되어 있다. 직장에서 성공하려면 '공격적인 마음'이 관건이지만, 이런 태도를 키우며 온종일을 보낸다면 집에 돌아왔을 때 마음 상태를 바꾸기가 힘들 수 있다.

이 연습을 하는 동안 어떤 사람은 입 밖으로는 "네"라고 말하지만 속으로는 "아니요"라고 말하고 있는 자신을 발견했다. 그는 그것이 숨겨져 있던 자신의 위축된 마음 상태를 발견하는 계기가 되었다고 말했다. 또 어떤 사람은 자신은 뭔가를 부탁받으면 대가 자신이 할 일을 더 중요하게 생각한다는 것을 발견했다. 그는 그저 "네"라고 말하고, 부탁을 들어줄지 말지 결정하는 데 드는 내적인 노력을 모두 놓아 버리는 편이 훨씬 자유롭다는 것을 알게 되었다. 또 어떤 사람은 "네"라고 말함으로써 편안함을 경험했다고 말했다. 사무실로 물밀듯이 찾아오는 사람들을 거부하는 대신, 그 흐름과 함께 흘러갈 때 오는 편안함이었다. 이 연습은 상황에 따라 수정하여 적용할 수도 있다. 침대나 소파 위에서 뛰어놀고 싶다는 아이의 바람에 마음속으로는 "그래"라고 말할 수 있지만, 아이들이 대신 운동장에서 실컷 에너지를 발산할 수 있도록 현실적으로 상황을 조정할 수 있다.

| 한 걸음 더

불교에서는 마음에는 세 가지 상태가 있다고 설명한다. 탐진치(貪瞋癡), 즉 탐욕, 노여움, 어리석음이다. 우리는 특히 노여움을 잘 다스리지 못하는 수련생들에게 이 수련을 시키는데, 그들은 무엇을 하라고 요구를 받든, 삶에서 어떤 일이 닥치든 습관적으로 저항부터 하고 본다. 어떤 부탁을 받아도 그들의 무의식적인 첫 반응은 몸짓으로 표현되든 소리 내어 말로 하든 '싫다'다. 때로는 싫다는 마음이 '네, 그렇지만……'이라는 말로 표현되기도 하고, 또 어떨 때는 그럴듯한 언변으로 포장되기도 하지만, 결국은 한결같고도 고집스러운 반대 의사의 표현일 뿐이다.

노여움에 사로잡힌 사람들은 삶에서 중요한 결정을 내릴 때 긍정적인 쪽을 선택하는 것이 아니라 자신이 부정적이라고 판단한 것을 피하는 쪽을 선택하는 경향이 있다. 자신의 뜻대로 적극적으로 행동하는 것이 아니라 어딘가에 반응하여 행동하는 것이다. 가령 "우리 부모님이 제때 전기요금을 내지 않아서 우리 집 전기가 끊겼었어. 난 회계사가 될 거야"라고 말

 내 안의 성난 코끼리 길들이기

한다. "난 숫자를 가지고 계산하는 걸 정말 좋아하니까 회계사가 되고 싶어"라고 말하는 것이 아니다.

일본의 조동종(曹洞宗, 일본 선불교의 대표적 종파 중 하나_옮긴이)에서는 입문을 원하는 수련생들에게 수련 첫해 동안 그들이 할 수 있는 대답은 하나밖에 없으며, 이를 받아들여야만 입문할 수 있다고 알려 준다. 그 대답은 바로 '하이(네)!'다. 참으로 쉽지 않은 수련이다. 겉보기에는 성숙한 어른이지만, 그 이면을 뚫고 들어가면 반항적인 두 살배기, 혹은 10대가 숨어 있기 마련이기 때문이다.

"네"라고 말하기는 자기중심적인 관점을 버리도록 도와주고, 우리가 가진 개인적인 의견이 사실 그렇게 중요한 것은 아니었음을 깨닫게 해준다. 별로 중요하지도 않은 문제 때문에 자신과 주변 사람들에게 스트레스와 괴로움을 주었다고 생각하면 참으로 놀라울 뿐이다. "네"라고 말하기는 에너지를 북돋워 준다. 습관적인 저항은 우리의 생명 에너지를 줄줄 새어 나가게 하는 누수와 같기 때문이다.

이 한마디

삶에, 그리고 삶이 가져다주는 모든 것에 "네"라고 말하는 내적인 태도를 길러라. 이는 엄청난 에너지를 아껴 준다.

파란색
찾아보기

- **연습법**

주변에서 보이는 파란색을 의식해 본다. 하늘처럼 분명한 경우뿐 아니라 미묘하게 드러나는 다양한 색조의 파랑도 찾아보자.

한 주간 기억하는 방법

손등이나 손목 안쪽에 파란색 펜으로 조그맣게 점을 그린다. 또는 집 안의 방문이나 냉장고 문 등 잘 보이는 곳에 조그만 파란색 색종이를 붙여 놓는다.

이 표시들이 눈에 들어오면 잠시 멈춰 서서 파란색을 찾아 주변을 둘러보라. 아주 조그마한 파란색 점에서 광대하고 커다란 공간에 이르기까지 크기는 다양할 수 있다.

눈을 쉬게 해주면서 파란색이 나타나도록 '초대'해 보라.

▎ 길잡이

이 연습은 색에 아주 깨어 있는 한 예술가 친구가 제안한 것이다. 한 주간 이 연습을 해본 뒤 경험을 나누기 위해 모였을 때, 그는 모든 색깔 속에서 파란색을 보았다고 말했다. 보라색, 초록색, 갈색, 심지어 검은색에서도 아주 소량의 파랑이 반짝거리고 있었다고 했다. 우리 대부분은 예상치도 않은 곳에서 파란색을 찾아냈다. 또한 아주 미묘한 것에서부터 선명한 것에 이르기까지 파란색의 색조도 무척 다양했다. 눈에 긴장을 풀고 부드럽게 바라보면 모든 색과 형태 속에서 파란 빛깔을 발견할 수 있다.

어떤 언어에서는 초록색과 파란색, 또는 검은색과 파란색을 같은 단어로 표현한다. 예를 들어, 일본어에서는 고대부터 파랑을 뜻하는 단어가 '아오이(靑い)'밖에 없었고, 초록색을 따로 가리키기 위한 단어인 '미도리(綠)'는 나중에 헤이안 시대에야 사용되었으며, 초록색이라는 표현이 교과서에 공식 등장한 것은 제2차 세계대전 이후부터라고 한다. 이와 달리 그리스 어에는 파란색의 다양한 색조를 가리키는 단어가 무척 많은데, 바다의 파란색은 '탈라시(talassi)', 하늘의 파란색은 '우라니(ourani)', 옅은 파란색은 '갈지오(galzio)'라고 하는 식이다.

사람들은 파란색을 찾기로 했다는 것을 기억해 내는 순간 파란색이 눈앞으로 튀어나오는 것 같다고 말한다. 파란색 물체가 3차원 현실 속에서 더욱 도드라지게 느껴진다는 것이다. 이 수련을 하다 보면 하늘에 대한 인식이 달라진다. 우리 시야의 상당 부분을 차지하고 있음에도 불구하고 특별한 일이 없는 한 대부분 무시하고 보지 않는 거대한 파란 지붕이 새로운 의미로 다가오는 것이다. 이 새파란 하늘은 구름이 가리고 있고 비가 내리고 있을 때도 늘 우리 위에 있다. 우리는 비행기에 탔을 때 비행기가 낮게 떠있는 구름을 뚫고 점점 올라가면서 눈부신 햇살 속으로 솟아오르는 순간, 이 사실을 절감한다.

| 한 걸음 더

파란색에 깨어 있기로 마음먹으면 파란색은 더욱 선명하게, 거의 모든 곳에서 나타나는 것처럼 느껴진다. 물론 갑자기 파란색이 더 늘어나는 것은 아니다. 그것은 늘 그 자리에 존재해 왔다. 우리 삶 속 어디에나 있는 그 파란색을 깨어서 인식할 때만 그렇게 느껴질 뿐이다.

지금 우리가 파란색이라고 말하는 것이 정말로 파란색인지 우리는 어떻게 알까? 우리는 모두 자신만의 세계에 살며, 어느 누구도 그 세계에 들어오거나 그 세계를 온전히 경험할 수는 없다. 일란성 쌍둥이의 경험조차 각각 다르다. 우리가 파란색을 볼 때, 그 파란색을 보는 사람은 오직 우리뿐이다. 마찬가지로 우리 각자의 고유한 삶은 결코 두 번 다시 반복되지 않으며, 우리는 그 유일무이한 삶을 온전하게 경험하는 유일한 사람이다.

티베트 불교에서는 우리의 본성이 광대하고 빛나는 선명한 하늘과 같다고 설명한다. 명상은 이 무한한 마음을 되찾을 수 있게 도와준다. 우리가 주의를 기울이는 어떤 것이든지 환하게 밝혀 주의 깊게 보게 해주는 타고난 마음을 말이다. 마음을 맑게 하는 것은 우리가 날마다 컴퓨터 화면 앞에서 하는 경험과 비슷하다. 우리는 컴퓨터 화면에 나타나는 흥미롭고 복잡

 내 안의 성난 코끼리 길들이기

한 세상에 완전히 몰두하며, 그동안 그 화면 속 세계는 우리에게 현실 전부가 된다. 그러다가 누군가 말을 시키러 다가온다든지, 무슨 일인가 일어나면 우리는 화면에서 떨어져 나온다. 그렇게 컴퓨터 화면에서 떨어져 나올 때 우리의 의식은 갑자기 넓어지고, 우리는 컴퓨터 화면 속에 들어 있던 번쩍거리는 작은 글씨의 좁은 세상에서 광대한 세계로 솟아오른다.

흥미롭고 복잡한 마음속 화면에 사로잡혀 있을 때 우리는 우리에게 다른 선택권이 있음을 기억해야 한다. 우리는 지금의 이 경험을 마음속 화면의 아래쪽에 조그마한 아이콘으로 줄이거나 '최소화'하고, 우리 내면에 원래 들어 있는, 맑고 푸른 하늘처럼 무한하고 선명한 마음을 활짝 열 수 있다. 몇몇 생각이 흰 구름처럼 마음속 화면을 떠간다. 우리는 '나'라는 좁은 세상에서 솟아올라 맑고 청정한 곳으로 옮겨 온다. 걱정과 계획이라는 조그마한 아이콘들은 우리가 원할 때 언제든지 다시 창을 열 수 있다.

우리 눈에 보이지 않을 때도 파란 하늘이 언제나 우리 위에 있듯이 우리의 흠 없는 본성도 마찬가지다. 우리의 마음 상태가 구름 낀 듯 뿌옇고, 감정이 쏟아지는 비처럼 걷잡을 수 없을 때도 우리의 본성은 언제나 그 자리에 있으면서 우리 안에서, 그리고 모든 것 안에서 환하게 빛을 비추고 있다.

▍이 한마디

우리는 어둡고 좁은 감옥과 같은, 자신에게만 빠진 마음을 깨뜨리고 나와 찬란히 빛나는 하늘과 같은 마음에서 자유를 누릴 수 있다.

Chapter 22

발바닥
느껴 보기

- ## 연습법

될 수 있는 대로 자주 의식을 발바닥에 두어 본다. 발밑의 마룻바닥이나 땅바닥이 밀어 올리는 압력, 발바닥에서 느껴지는 따뜻함이나 차가움 등 발바닥의 감각을 의식해 보자. 이 연습은 불안해지거나 화가 나고 있는 자신을 발견했을 때 특히 중요하다.

한 주간 기억하는 방법

신발 안에 작은 돌멩이를 넣어 놓는다. 이 방법은 상당한 통증을 동반하지만, 효과는 아주 뛰어나다. 바닥의 적절한 곳에 '발'이라고 적은 종이나 발자국 그림을 붙여 놓거나, 알람시계나 휴대전화가 하루에 여러 번 일정 간격으로 울리도록 시간을 맞추어서 소리가 들릴 때면 의식을 발바닥으로 돌리는 방법도 있다.

길잡이

이 깨어 있기 연습을 통해 사람들은 발을 다쳤거나 넘어졌을 때를 빼고는 자신이 평소에 발바닥에 의식을 거의 두지 않고 걸어 다녔다는 사실을 깨닫는다. 머리에서 발로 의식을 옮기는 것은 생각에 너무 빠져 있는 우리에게 마음을 가라앉히는 효과를 가져다준다. 그 이유는 발바닥이 우리가 보통 우리의 '자아'가 있다고 생각하는 머리로부터 가장 먼 곳에 있기 때문이다. 우리는 자신이 하는 생각이 곧 '나'라고 동일시하면서 마음 혹은 뇌에 높디높은 지위를 부여한다. 많은 사람이 무의식적으로 몸은 뇌가 시키는 일을 하는 종에 지나지 않는다고 여긴다. 우리 몸에 발이 있는 것은 마음이 내리는 명령을 행동으로 옮겨 주기 위해서고, 손이 있는 것도 마음이 원하는 것, 가령 도넛 같은 것을 가져다주기 위해서라고 보는 것이다.

우리 선원에서는 대개 침묵 속에 앉아 의식을 발바닥에 두고 식사를 한다. 그렇게 하면 먹는 데 깨어 있을 수 있기 때문이다. 우리는 또한 발바닥에 의식을 두고 있을 때 뇌의 기능이 더 좋아지고, 전반적인 내면 상태가 더욱 균형 잡히고 든든해진다는 것을 발견했다.

무도(武道)와 요가는 발바닥을 의식하는 것과, 연결 혹은 뿌리에 대한 감각을 땅속까지 확장해 느껴 보는 것을 중요하게 여긴다. 이는 신체적 안정과 정신적 평정, 둘 다를 가져다준다. 불안해질 때 마음은 이 신체적·정신적 불편에서 어떻게 하면 빠져나갈까 궁리하느라 쳇바퀴 안에 든 햄스터처럼 끝없이 돌고 돌며 더욱 기승을 부린다. 이 연습을 하면서 사람들은 발바닥의 온갖 미세한 감각들에까지 의식을 열어 놓을 때 계속해서 변하는 신체 감각들의 흐름이 마음을 가득 채워서 생각할 틈이 조금도 남지 않는다는 것을 알게 된다. 그들은 머리가 무거운 느낌에서 풀려나고 중심이 더 잘 잡혀 있다고 느끼며, 생각과 감정에 떠밀려 다니는 일이 적어진다. 의식을 발바닥으로 내려뜨리면 마음이 맑아지고, 불안이라는 구름이 걷힌다.

▎한 걸음 더

마음은 생각하기를 좋아한다. 마음은 생각하지 않으면 우리를 이끌고 보호한다는 제 임무를 수행할 수 없다고 여긴다. 하지만 마음이 과도하게 활동할 때 결과는 오히려 반대가 된다. 마음의 인도는 과도해지고, 심지어 잔인해지기까지 하며, 끊임없는 경고를 쏟아부으면서 우리를 불안으로 몰아넣는다. 생각을 멈추지 않는 마음을 어떻게 하면 본래의 자리로 돌려놓을 수 있을까? 마음의 일을 '생각'에서 '알아차림'으로 바꾸면 된다. 그리고 그 시작은 몸에 대해 온전히 깨어 있는 것이다.

선불교 수련의 기본은 '걷기 명상'이다. 우리는 발바닥의 감각을 최대한 느끼기 위해 신발을 신지 않고 걷는다. 걷기 명상을 하면 좌선 명상을 할 때의 몸과 마음의 고요한 상태를 여러 활동이 포함된 일상생활 속으로 가져오기가 쉽다. 침묵 속 걷기는 명상적 측면(순수한 알아차림 속에서 고요히 앉아 있는 것)과 그 반대 측면(말하고 움직이는 것) 사이를 이어 주는 다리와 같다. 하지만 걷는 동안 마음을 고요하게 유지하기가 그리 쉽지만은 않다. 몸의 모든 움직임은 마음에도 움직임을 만들어 내기 때문이다.

 내 안의 성난 코끼리 길들이기

우리는 스스로에게 만만찮은 과제를 던진다. 방을 한두 바퀴 돌면서 마음을 고요히 유지한 채로 발바닥에 의식을 집중할 수 있겠는가? 혹은 바깥으로 나가 긴 산책로를 걷는 동안 그렇게 할 수 있겠는가? 아니면 여기서 바로 저기 모퉁이까지는?

▌이 한마디

의식을 발바닥에 두는 연습을 꾸준히 한다면 정신적 안정과 감정적 평정이 뒤따를 것이다.

텅 빈 공간
인식하기

- **연습법**

할 수 있는 한 자주, 의식을 사물에서 사물 주변의 공간으로 옮겨 본다. 예를 들어, 거울을 보고 있다면 머리 주변의 공간을 알아차려 본다. 방 안에 있다면 가구나 사람들, 그 밖의 눈에 보이는 사물들을 제외한 빈 공간으로 의식을 돌려 본다.

한 주간 기억하는 방법

백지, 혹은 '공간'이라고 적은 종이를 잘 보이는 곳에 붙여 놓는다.

길잡이

보통 우리의 초점은 사물에 맞춰져 있다. 집 안에 있을 때 우리는 사람, 동물, 가구, 가전제품, 접시 따위에 자연스리 초점이 맞추어진다. 바깥에 있다 해도 건물이나 나무, 풀, 자동차, 동물, 도로, 표지판, 사람들에게로 시선이 가서 역시 제한된 시야에 머물 뿐이다. 의식을 사물 주변의 공간이나 방 안의 공간으로 돌리는 데는 노력이 필요하다. 하지만 이처럼 공간에까지 마음을 확장하면 평안이 찾아온다. 그렇다면 우리가 느끼는 불안감은 사물들과 연관되어 있는 것일까?

이 수련은 지속적으로 정진한다면 깨어 있기를 위한 아주 강력한 도구가 될 수 있다. 한 학생은 일본 전통 꽃꽂이 '이케바나(生花)'를 하면서 공간에 대한 인식이 넓어졌다고 말했다.

"저는 공간을 보는 법을 배우고 있어요. 공간은 그 안에 있는 사물만큼이나 중요하죠. 모든 것이 한데 섞여 뒤범벅되지 않게 해주는 것이 바로 공간이고, 또 공간이 있어서 꽃과 이파리와 나뭇가지의 아름다움이 드러나죠."

마찬가지로 우리 마음 안에도 공간이 있어야 이런저런 생각들에 뒤덮이지 않을 수 있고, 우리가 보는 모든 것의 단순성과 아름다움이 드러난다.

또 어떤 사람은 이렇게 덧붙였다.

"사물 주변의 공간을 바라보고 있었는데, 갑자기 그 사물이 튀어나오더니 한층 선명해지더군요. 또 의자나 다른 많은 것이 어떻게 제 기능을 하고 있는지를 단지 그 빈 공간을 보는 것만으로도 더 잘 알게 되었어요."

또 어떤 사람은 이렇게 말했다.

"모든 것이 공간에 의해 연속적으로 연결되어 있는 것 같더군요. 그 모든 것이 저와 함께 명상을 하고 있는 것 같았어요."

어떤 사람은 자신의 경험을 말하며 눈물을 글썽였다.

"공간에 깨어 있어야겠다는 생각을 하자 마치 벽들이 확장되면서 모든 것 주변으로 공간이 더 생기는 것 같았어요. 이걸 내 머릿속 생각에도 적용해 보자 싶었죠. 그러자 갑자기 생각들 사이에도 공간이 생겼어요. '내가 있다'라는 감각이 떨어져 나가 버렸죠. 그것 역시 공간을 차지하고 있던 하나의 생각에 지나지 않았던 거예요. 하지만 그 순간 머릿속에서 '우와!' 하는 생각이 떠올랐고, 그렇게 '자아'에 대한 묵직한 감각이 다시 생겨나 짜 맞춰지더군요."

또 어떤 사람은 자신의 감정 주변의 공간을 발견했으며, 감정도 생각도 자기 자신이 아님을 깨닫고 크게 놀랐다고 말했다.

▌한 걸음 더

우리의 정체성은 사물들, 그것도 우리의 자아 개념을 강화해 주는 사물들에 한정되어 있다.

"나는 책 소장가야."

"나는 최신 홈시어터 장비를 갖고 있어."

"내 방 벽에는 아름다운 그림이 걸려 있어."

"나는 고양이가 다섯 마리 있어."

하루 온종일 우리는 자기 자신을 사물과 연관시키며 시간을 보낸다. 우리의 욕구는 자신의 공간에 함께 두고 싶은 사물과 동물, 사람들에 집중되어 있다. 한 발 뒤로 물러나 배경을, 즉 방과 건물, 야외 경치를 만들어 주는 빈 공간을 바라보는 일은 거의 없다. 그러나 사물들 주변의 공간으로 의식

 내 안의 성난 코끼리 길들이기

을 옮길 때 우리는 편안함을 느낄 수 있다.

마음 안에 있는 공간을 인식하는 것도 꼭 그만큼 중요하다. 생각을 놓아 버리고, 그 생각의 배경이 되는 마음 바탕에 의식을 둘 때 엄청난 평온을 발견할 수 있다. 우리의 괴로움은 사물들에 매여 있다. 그것을 손에 넣고 싶고, 계속 갖고 있고 싶고, 바꾸고 싶고, 없애고 싶은 욕구들 때문이다. 사물을 단단히 붙들고 있다면 그것이 물리적 대상이 되었든 생각이나 감정처럼 정신적 대상이 되었든, 우리는 고통의 씨앗을 그러쥐고 있는 것이다. 단단히 그러쥔 손을 펴면, 시선을 돌려 텅 비어 있는 배경과 가능성들을 인식하기 시작하면 우리는 우리 안에서 더 커질 수 있는 슬픔과 괴로움을 미리 차단할 수 있다.

일부 그리스도교 신비주의자들은 신을 '존재의 밑바탕(Ground of Be-ing)'이라고 칭한다. 이 밑바탕에서 쉬는 것은 마침내 집으로 돌아가는 길을 찾은 것과 같은 느낌이다. 이것은 우리가 태어나기 전에, 그리고 태어난 뒤 몇 달간, 말을 배우기 전에, 그리하여 생각과 감정이 우리의 마음을 채우며 흐리기 전에 갖고 있던 의식이다. 명상과 기도는 마음을 고요하게 하고, 이 원초적 밑바탕으로 우리를 다시 데려간다.

▮ 이 한마디

마음에 넓은 공간을 마련하라. 그 공간 안에 들어 있는 내용물에 주의를 빼앗기거나 속아 넘어가지 마라.

한 번에
한입씩

- **연습법**

이것은 먹을 때마다 할 수 있는 깨어 있기 연습이다. 음식을 입에 넣은 뒤, 숟가락이나 젓가락을 밥그릇 옆에 내려놓는다. 의식을 입안에 두고, 입안에 든 것을 충분히 음미하며 삼킨다. 그런 다음, 다시 수저를 들고 다음 한입을 입에 넣는다. 샌드위치나 사과, 쿠키 등 손으로 쥐고 먹는 음식을 먹고 있다면 한입 베어 문 것을 다 삼킬 때까지 음식을 접시에 내려놓고 손으로 집지 않는다.

한 주간 기억하는 방법

'한 번에 한입씩'이라고 쓴 종이를 식사 장소에 붙여 놓는다. 또는 '내려놓기'라고 적힌 수저 그림을 붙여 놓는다.

이 연습은 우리가 선원에서 하는 먹을 때 깨어 있기 수련 중 가장 어려운 것에 속한다. 이 연습을 시작한 사람들은 거의 모두 자신들이 음식을 '우겨 넣는' 습관이 있음을 깨닫게 된다. 다시 말해, 입안에 음식을 한입 집어 넣은 후, 주의를 입이 아닌 다른 곳으로 돌리고는 또 한입 입안으로 음식을 집어넣고, 그런 다음 먼저 입에 넣은 것을 다 삼키기도 전에 두 번째 집어넣은 것을 우물거리는 것이다. 먼저 입에 넣은 것을 씹고 있는 동안에도 손은 다시 한입을 집어넣으려고 반쯤 입으로 가있다. 우리는 마음이 제멋대로 떠돌아다니는 순간, 손은 곧바로 행동을 개시하여, 먼저 입안에 집어넣은 것이 아직 남아 있는데도 새로 음식을 더 얹으려고 한다는 것을 이 연습을 하며 발견하게 된다. 이 고질적인 습관을 고치는 데는 상당한 시간과 인내심, 끈기가 필요하다.

음식을 충분히 씹어서 소화 효소가 들어 있는 침과 잘 섞이게 한다면 음식의 소화 흡수는 입안에서부터 시작될 수 있다. 소화 흡수가 일찍 시작되면 포만감을 알려 주는 신호도 뇌로 그만큼 일찍 전달되며, 그러면 우리는 좀 더 빨리 포만감을 느낄 수 있다. 포만감을 빨리 느낄수록 우리는 우리 몸에 얼마만큼의 음식이 적정한지를 더 잘 느끼고, 그만큼만 섭취하게 된다.

음식을 씹는 동안 수저를 내려놓는 것은 예로부터 좋은 식사 예절에 속했다. 이는 음식을 게걸스럽게 먹어 치우지 않도록 막아 주는 역할도 한다. 어떤 사람은 이 연습을 하고 나서 이렇게 감탄했다.

"제가 음식을 아예 씹지도 않았다는 걸 알게 됐어요. 다음 한입을 떠 넣기 바빠서 거의 통째로 삼키다시피 했더라고요!"

그는 스스로에게 이렇게 물어보아야 했다.

"나는 먹는 것을 그렇게 좋아하면서 식사는 왜 그렇게 급하게 해치웠을까?"

▎**한 걸음 더**

이 연습은 사실 성급함을 인식하는 연습이다. 빨리 먹는 것, 입안에 든 것이 채 없어지기도 전에 또 한입을 우겨 넣는 것은 성급함의 대표적인 예다. 이 연습을 하다 보면 우리는 삶의 다른 상황에서 자꾸 성급해지려 할 때 그것을 여유를 가지고 바라볼 수 있게 된다. 기다려야 할 때 조급해지는가? 그렇다면 스스로에게 이렇게 물어보라.

"나는 삶을 그렇게 즐기고 싶어 하면서 왜 그렇게 급하게 해치우려고 할까?"

한 번에 한입씩만 먹는 것은 한 번에 한 순간만 경험하는 방법이다. 우리는 하루에 적어도 세 번은 뭔가를 먹거나 마시기 때문에 이 마음모음 수련은 날마다 깨어 있을 기회를 적어도 서너 번은 보장해 준다. 먹는다는 것은 본래 즐거운 것이지만, 깨어 있지 않은 상태에서 급하게 먹어 치울 때 우리는 그 기쁨을 경험하지 못한다. 연구에 따르면, 아이러니하게도 사람들은 자신이 싫어하는 음식보다 좋아하는 음식을 더 빨리 먹는다고 한다. 진탕 먹고 마시는 폭식가들 또한 처음 한입에서 느꼈던 기쁨을 다시 느끼기 위해 계속 그렇게 먹는 것이다. 그러나 미각 기관은 금세 지치기 때문에 이런 방식은 결코 통할 수 없다.

마음이 제자리에 있지 않고 과거나 미래를 생각하고 있을 때, 우리는 음식의 맛을 반밖에 느끼지 못한다. 의식이 입안에 오롯이 있을 때, 먹을 때 온전히 깨어 있을 때, 천천히 씹어서 삼키고 다시 한 숟가락을 떠 넣기 전에 잠시 멈추는 시간을 가질 때, 그럴 때 한입 한입은 처음의 한입처럼 짜릿할 것이다.

깨어 있지 않으면서 기쁨을 좇는 것은 내려오지 못하는 디딜방아에 올라 있는 것과 같다. 깨어 있음은 우리 삶의 수만 가지 작은 순간들 속에서 기쁨이 꽃처럼 피어날 수 있게 해준다.

▎이 한마디

마음이 참석해 있지 않다면 입안에서 파티는 열릴 수 없다.

욕구는
끝이 없다

- **연습법**

될 수 있는 대로 자주 마음속에서 어떤 욕구들이 올라오는지 알아차려 본다.

한 주간 기억하는 방법

'지금 이 순간 나의 욕구는 무엇인가?'라고 적은 종이를 눈에 잘 띄는 곳
에 붙여 놓는다.

길잡이

사람들은 이 연습을 하기 전에는 욕구란 모두 음식이나 섹스에 관한 것일
거라고 생각했다고 말한다. 하지만 하루 온종일 자신의 욕구에 깨어 있어
보니 욕구가 아침에 눈을 떠서 잠들기 직전 의식이 있는 마지막 순간까지

쉬지 않고 생겨난다는 것을 발견했다고들 한다. 알람시계가 울리면 더 자고 싶다는 욕구가 솟아나고, 부엌으로 걸어갈 때면 커피를 한 잔 마시고 싶다는 욕구가 생긴다. 저녁에는 얼른 침대에 눕고 싶다는 욕구가 느껴진다. 이런 식이다. 많은 사람이 자신이 '이성'이라는 얇은 포장지로 가린 거대한 욕구 덩어리라는 것을 알고 깜짝 놀란다.

욕구라는 폭군은 우리 삶의 아주 초기부터 제 영향력을 행사한다. 나의 두 살배기 손녀는 아침을 먹은 후 30분이 지나면 밖으로 나가서 행복하게 그네를 탄다. 그러다 갑자기 오만상을 찡그리며 소리친다.

"나 아이스크림 먹고 싶어!"

그러다가 조금 있으면 이렇게 외친다.

"초콜릿 레이진(Chocolate Raisin, 초콜릿과 건포도가 들어간 비스킷_옮긴이)도 먹고 싶어!"

손녀는 또한 "나는 ○○을 하고 싶어"라고 말하는 것보다 "나는 ○○이 필요해"라고 말하는 편이 원하는 것을 더욱 확실하게 보장해 준다는 것을 알게 되었다. 끝없이 팔을 뻗는 욕구의 손아귀에서 손녀를 빼내고 주의를 흩뜨리기 위해서는 어른들의 단호한 결심과 꼬임이 필요하다.

우리는 욕구가 뒤엉킨 칡뿌리처럼 우리를 얼마나 꽉 붙들고 놔주지 않는지를 잘 안다. 사실 우리도 두 살배기 꼬마와 별로 다르지 않다. 우리는 백화점을 만족스러운 기분으로 걸어 다니다가도 갑자기 달콤한 계피빵의 냄새를 맡으면 마음이 분주해진다. 욕구가 올라와서 마음 안에서 우리를 조르고, 협상하고, 합리화하기 시작하는 것이다. 내면의 논쟁들을 그만두고 좀 더 건강한 쪽으로 마음의 방향을 바꾸기 위해서는 단호한 결심이 필요하다.

▎한 걸음 더

욕구 자체는 전혀 잘못된 것이 아니다. 욕구는 우리를 살아 있게 한다. 먹을 것이나 마실 것, 잠에 대한 욕구가 없다면 우리는 곧 죽고 말 것이다. 섹스에 대한 욕구가 없다면 사람도 있을 수 없고, 부처님도 예언자들도 예수님도 존재할 수 없었을 것이다. 배가 고플 때 음식을 먹고 싶다고 느끼고, 먹을 때 맛있게 먹는 것에는 전혀 잘못된 것이 없다. 그러나 그 이후에도 먹는 기쁨에 집착하고, 기쁨을 가져다준 음식에 집착한다면 우리는 고통으로 가는 길에 올라선 것이다. "그 아이스크림 정말 맛있더라. 커다란 것으로 한 통 더 먹고 싶어" 혹은 한 발 양보한다는 투로 "나는 일을 열심히 했으니까 한 통 더 먹어도 돼"라고 말하는 식이다.

하루 중 얼마나 자주 욕구가 올라오는지 관찰하는 연습은 무의식 영역에 숨어 있던 욕구를 밖으로 꺼내 준다. 무의식 속에 있는 욕구는 우리가 깨닫지 못하는 사이에 우리의 행동을 조종하면서 우리를 통제한다. '나는 아이스크림이 먹고 싶어/먹어야겠어/먹을 자격이 있어'라는 말은 곧 '왜 5킬로그램이 쪘지?', '난 외로워. 날 사랑해 줄 누군가가 있으면 좋겠어/있어야만 해/있어야 마땅해'라는 문장으로 바뀌며, 이는 다시 '내가 어쩌다 이 사람과 침대에 누워 있는 거야?'로 바뀐다. 욕구가 알아차림이라는 넓은 땅으로 나올 때 우리는 그것을 볼 수 있고, 그것을 따르는 것이 옳은지 아닌지에 대해 깨어 있는 의식으로 결정할 수 있다.

욕구가 그토록 힘이 센 이유 중 하나는 그것이 우리가 살아 있음을 느끼게 하기 때문이다. 마음이 욕구가 바라는 것에 고정되어 있을 때, 우리는 사냥감에 정신을 집중한 사냥꾼처럼 주의 깊게 깨어 있으며, 생기가 넘친다. 새 차를 사려고 생각하고 있을 때는 어디를 가든 차만 눈에 들어온다. 친구들이나 자동차 판매원들과 차에 대해 이야기하고, 인터넷 사이트를 찾아다니며 여러 차를 비교해 놓은 글을 읽는다. 마침내 차를 산다. 새 차를 몰고 다니는 기쁨에 행복해한다. 하지간 그 기쁨이 얼마나 갈까? 몇 주, 길어야 몇 달이다. 그쯤 되면 새 차는 그저 또 한 대의 차에 지나지 않게 되며, 우리는 새 컴퓨터라든지 새로운 다른 뭔가를 찾아 나선다.

　　욕구 그 자체는 유쾌한 것이지만, 일단 충족된 욕구는 실망을 안겨 준다. 그래서 사람들은 언제나 새 차가 되었든, 새 애인이 되었든, 새로운 음식이 되었든 새로운 먹잇감을 찾아 사냥하는 것이다. 바로 이 쉬지 못하는 분주함이 큰 고통과 불만족감의 원천이다.

| 이 한마디

불행하다고 느끼고 있다면 자신이 무엇에 집착하고 있는지 살펴본 뒤 그것을 놓아 버려라.

고통
관찰하기

• 연습법

자기 자신, 혹은 다른 사람의 고통에 주의를 기울여 본다. 그 고통을 어떻게 감지하는가? 그 고통이 어디서 가장 분명하게 느껴지는가? 비교적 미미한 종류의 고통에는 어떤 것이 있으며, 그보다 강렬한 고통에는 어떤 것이 있는가?

한 주간 기억하는 방법

'고통 관찰'이라고 적은 종이, 혹은 불행한 사람의 얼굴 사진을 적절한 장소에 붙여 놓는다.

길잡이

고통은 어디에나 있다. 우리는 사람들의 불안해하는 얼굴에서 고통을 볼 수 있고, 그들의 목소리에서 고통을 느낄 수 있으며, 뉴스에서도 어렵지 않게 고통과 맞닥뜨린다. 고통을 관찰하기 시작하면 우리는 머릿속 생각에서 고통을 들을 수 있고, 몸에서 고통을 느낄 수 있으며, 거울 속 얼굴에서 고통을 볼 수 있다. 종종 사람들은 이 연습을 시작할 때 사랑하는 사람의 죽음이라든지 전쟁에서 죽은 아이들처럼 극단적이고 확연한 형태의 고통을 떠올린다. 하지만 연습을 계속하면서 고통에 대한 알아차림을 넓혀 감에 따라 고통에는 경미한 짜증이나 조바심에서부터 분노나 격한 슬픔에 이르기까지 다양한 스펙트럼이 있음을 발견하게 된다.

우리는 비단 사람들뿐 아니라 동물들의 고통도 느낄 수 있다. 우리는 우리가 사랑하는 사람들은 물론 거리에서 마주친 낯선 이의 고통도 볼 수 있다. 고통은 라디오와 텔레비전, 인터넷을 통해 우리의 가슴속으로 쏟아져 들어온다.

아픔과 고통은 다르다. 아픔은 감각 능력이 있는 모든 존재가 겪는 신체적 불편감이며, 고통은 이런 물리적 감각에 더해지는 정신적·감정적 불쾌감이다. 부처님은 고통에 대해 7년간 철저하게 공부한 후, 신체적 아픔은 불가피하지만, 고통은 마음먹기에 따라 보태질 수도, 줄어들 수도 있음을 깨달았다. 사실 마음공부가 잘된 사람에게, 그리고 배운 것을 성실히 현실에 적용하는 사람에게 고통은 어디까지나 선택적인 것이다.

예를 들어, 두통이 느껴질 때 우리는 이렇게 생각할 수 있다.

'몸의 이 부분에서 일시적으로 불편감이 느껴지는군.'

아니면 이렇게 생각할 수도 있다.

'이건 내가 이번 주에 두 번째로 느끼는 두통이군.' (과거의 일과 연관시킨다.)

‘이거 분명히 더 심해질 거야. 전에도 그랬어.’(미래의 일을 예견하고, 심지어 확정하기까지 한다.)

‘아, 못 참겠다.’(하지만 사실 당신은 전에도 이런 일을 겪었고, 이번에도 잘 이겨 낼 것이다.)

‘내가 뭘 잘못했나?’(아무것도. 당신은 그저 몸을 가진 인간일 뿐.)

‘나 뇌종양 걸린 거 아닐까?’(그럴 가능성은 매우 희박하다. 다만 그런 걱정으로 두통을 한층 더 심하게 만들 수는 있다.)

‘이건 분명 일하면서 스트레스 받아서 생긴 것이 틀림없어. 저 상사는 정말 구제불능이야…….’(탓할 누군가를 찾는다.)

정신적으로 고통스러워하면 신체적 아픔을 완화하는 데 도움이 될까? 그렇지 않다. 오히려 통증을 더 심하게, 오래가게 만들 뿐이다. 우리는 그저 일시적인 신체적 불편감을 느끼고 있을 뿐이다. 그것을 거대한 고통으로 만드는 것은 우리의 선택이다.

한 걸음 더

고통이 주는 이점이 몇 가지 있다. 고통을 한 번도 겪지 않았다면 우리는 인생을 살아가면서 바뀌고 싶다는 동기부여를 결코 받지 못할 것이다. 안타깝게도 우리는 가장 불행할 때 바뀌어야겠다는 동기를 가장 크게 느끼는 것이 사실이다.

마음이 앞날을 추측하고, 나쁜 일을 더 크게 부풀리고, 자기 불행의 탓을 돌릴 사람을 찾으면서 제멋대로 날뛰지 않도록 다스릴 수 있다면 우리는 우리가 ‘아픔’이라고 부르는 신체적 불편감을 아무렇지 않게 그저 겪어 넘길 수 있을 것이다. 아픔을 그저 겪을 때, 못 참겠다고 저항하기보다는 그 모든 특성을 뜯어보기 시작할 때, 아픔은 꽤 흥미로운 대상이 된다. 아픔이 집중된 부위는 크기가 얼마만 한가? 위치한 곳은 정확히 어디인가? 두개골 위쪽인가, 아래쪽인가? 그 느낌은 어떤가? 날카로운가, 뭉툭한가, 따끔따끔한가, 매끄러운가? 만일 색깔이 있다면 어떤 색일까? 지속적인가, 간헐적인가? 많은 사람이 아픔을 밀어내지 않고 이런 식으로 찬찬히 살펴보기 시작한 후 재미있는 점을 발견했다고 말한다. 바로 저항이 아픔을 붙잡아 둔다는 사실이다. 신체적인 불편감에 정신적·감정적인 고통을 더하지 않는다면 아픔은 자유롭게 제 모습을 바꾸며, 심지어 사라져 버리기도 한다.

고통은 또한 우리 가슴속에 연민이라는 것이 생겨나게 한다. 첫아이를 낳았을 때, 나는 생명이 그토록 연약한 것임을 새롭게 자각하면서 아이를 잃은 세상의 모든 여자를 위해 울었다. 아픔이나 불편함 속에 있는 시간은 의식을 안에서 밖으로 돌려 내가 지금 받고 있는 고통을 받고 있을 다른 모든 이들을 위해 자애의 마음을 발휘할 수 있는 완벽한 기회가 된다. 예를 들어, 독감으로 고생할 때 우리는 이렇게 말한다.

"나를 포함해 오늘 아파서 누워 있는 모두가 평안하기를. 우리 모두 잘 쉬고 얼른 회복되면 좋겠다."

마찬가지로 우리는 아플 때 건강하다는 것이 무엇인지 진실로 절감할 수 있다. 고통을 인식한다는 것은 그 반대 또한 더욱 선명하게 인식한다는 것일 테니 말이다. 우리는 아기의 길고 긴 속눈썹, 흙먼지 쌓인 길 위로 떨어지는 첫 번째 빗방울의 냄새, 고요한 방 안으로 쏟아져 들어오는 비스듬

한 햇살 등 수많은 소박한 행복의 원천들을 더욱 선명히 보게 된다.

| 이 한마디

고통은 우리에게 변화할 동기를 준다. 그 변화가 긍정적인 것일지 부정적인 것일지는 우리에게 달려 있다. 고통은 또한 나와 같은 고통을 겪고 있는 모두에게 공감할 수 있다는 귀한 선물을 준다.

우스꽝스럽게
걷기

• 연습법

하루에 서너 차례, 특히 마음 상태가 안정되어 있지 않을 때 우스꽝스럽게 걸어 본다. 가장 쉬운 방법으로는 뒤로 걷기, 경중경중 뛰면서 걷기, 한 발로 뛰면서 걷기가 있다. 우스꽝스럽게 걸으면서 마음 상태가 어떻게 변하는지 관찰해 보자.

▎한 주간 기억하는 방법

신발 끝에 작은 테이프를 붙인다. 그 테이프가 눈에 들어올 때마다 자신의 기분이 어떤지를 느껴 보고, 1에서 10까지 점수를 매긴다(1은 '최악'이고, 10은 '아주 행복'이다). 그러고서 잠시 동안 우스꽝스럽게 걸어 본 뒤 다시 기분의 점수를 매겨 보라. 변화가 있는가?

새로운 아이디어가 필요하다면 유튜브나 다른 인터넷 동영상 사이트에 접속하여 몬티 파이튼(Monty Python, 영국의 코미디 그룹_옮긴이)의 '우스꽝스럽게 걷기 부서(The Ministry of Silly Walks)'라는 동영상을 참고하기 바란다.

| 길잡이

이 연습은 몬티 파이튼의 '우스꽝스럽게 걷기 부서'라는 동영상에서 영감을 받아서 만들어진 것이다. 이 에피소드를 보고 나서 우리는 새로운 형태의 '우스꽝스럽게 걷기'를 만들어 내면서 한동안 즐거운 시간을 가졌다. 그러다가 우스꽝스럽게 걷기가 그렇게 걷는 사람은 물론이고 그것을 지켜보는 사람들의 기분까지도 아주 빠르게 바꿔 주는 강력한 방법이라는 것을 알게 되었다. 왠지 심사가 뒤틀릴 때 자녀에게 이렇게 걷도록 시키고, 그 모습을 한번 지켜보라.

부정적이거나 우울한 상태로 빠져드는 마음을 바꿀 수 있는 능력은 꼭 필요한 기술이다. 마음 상태를 마음만으로 바꾸는 데 숙달될 때까지 우리는 몸의 도움을 받아야 한다. 우스꽝스럽게 걷기의 쓰임새가 바로 여기에 있다. 선불교에서 말하듯이 몸과 마음은 둘이 아니기 때문이다. 몸과 마음은 따로 떨어져 있지도 않고, 독립되어 있지도 않다.

| 한 걸음 더

우리는 심란한 감정을 바꾸기 위해서 다른 사람들이나 물건에 의존할 수 없다. 다른 사람은 지금 우리의 마음 상태를 온전히 겪지 못하고, 알지 못하기 때문이다. 게다가 사람이란 부처님 말씀처럼 '조건에 따른 존재'다.

내 안의 성난 코끼리 길들이기

사람은 일시적으로 존재할 뿐이고, 지금과 달라질 것이며, 사라지거나 죽을 것이라는 뜻이다. 아무리 사랑하는 사람이라 해도 내가 시험을 보면서 겁에 질려 있을 때, 어려운 면접을 끝내고 풀이 죽어 있을 때처럼 언제 어디서나 내 옆에 있어 줄 수는 없다.

부처님은 제자들에게 이렇게 이르셨다.

"자기 자신에게 등불이 되어라."

이는 우리의 '깨어 있는 마음'이라는 등불을 켜고, '나'라는 존재에게 일어나는 일들을 그 등불에 비춰 객관적으로 바라보는 법을 배우라는 뜻이다. 이 분명한 불빛을 사용하여 우리는 언제 어떻게 작은 자아가 제대로 기능하지 못하는지 관찰할 수 있고, 그것을 고치는 법을 배울 수 있다.

수시로 바뀌는 감정과 생각의 희생양이 되지 않고, 건강하지 않은 마음 상태를 스스로 바꾸는 법을 알게 될 때 우리는 선불교에서 말하는 '삶의 주인'이 되어 가는 것이다. 성실히 연습에 정진할 때 우리는 우리의 생각과 기분을 각 상황이 요구하는 대로 바꿀 힘이 우리에게 있다는 사실을 더욱 확신하게 된다. 그러고 나면 예측 불가능하며 끊임없는 변화의 한복판에서 살아야 하는 인간의 삶에 대한 두려움이 사라지기 시작한다. 우리는 참자유를 맛볼 수 있다. 우리의 마음과 그에 따라 변화무쌍하게 변하는 감정이라는 폭군으로부터 풀려난 자유를 말이다.

이 연습을 하면서 우리는 스스로를 가볍게 받아들일 것을 재차 떠올리게 된다. 우스꽝스럽게 걷기는 우리 자신과 우리가 처한 곤경에만 열중해 있는 마음을 그 집착에서 떼어 내고, 우리의 관점을 바꾸어 준다. 일본 선불교의 신란(親鸞) 스님은 "우리 인간은 어리석고 무지한 존재다"라고 말했다. 우리가 우리의 어리석음을 인정하고 받아들일 때, 심지어 기꺼이 어리석은 존재가 되고자 할 때 많은 가능성이 열린다.

이 한마디

우리는 우리의 건강하지 않은 생각과 기분을 그 어떤 도구의 도움을 받거나 큰돈을 들이지 않고 스스로 바꿀 수 있다. 여느 기술을 익힐 때와 마찬가지로 이 역시 상당한 시간과 거듭된 연습이 필요하다.

 내 안의 성난 코끼리 길들이기

28
Chapter

물에
깨어 있기

• **연습법**

물에 대해 알아차려 보자. 몸 안과 밖, 집 안과 밖, 어디에 어떤 형태로 존재하는 물이든 상관없다. 먹을 것과 마실 것 안에 들어 있는, 우리 주변에 있는 물의 유동성을 인식해 보자.

│ 한 주간 기억하는 방법

'물'이라는 낱말, 혹은 물방울 그림이나 사진을 주변에 붙여 놓는다. 적당한 장소에 작은 물대접 하나를 갖다 놓을 수도 있다.

│ 길잡이

이 연습을 하면서 우리는 물이 어디에나 있다는 사실을 깨닫는다. 물은 침과 눈물, 피, 오줌, 위액, 관절액, 정액 등 우리 몸 안에도 있다. 우리의 몸은 70퍼센트가 물로 이루어져 있다. 물을 제외한다면 인간은 조그마한 세포와 소금 더미에 지나지 않을 것이다. 물이 없다면 인간은 며칠 안에 죽고 만다. 우리는 차를 마시거나 오렌지를 먹으면서, 샐러드와 수프를 먹으면서 온종일 물을 섭취한다. 물은 웅덩이, 진흙탕, 나뭇잎, 이슬, 자동차 와이퍼에서 나오는 세척액 등 우리 몸 바깥에도 곳곳에 존재한다. 물은 머리 위 구름 속에도 있고, 하수구와 수도관, 저 땅속 깊은 지층에서도 흐르고 있다.

주변의 물에 의식을 열어 놓을 때 우리는 물이 얼마나 신비로운 물질인지 깨닫게 된다. 물은 투명하지만 만 가지 색깔을 지닐 수 있으며, 어떤 용기에든 순순히 들어가 담긴다. 물은 또한 우리가 알아차리지도 못하는 사이에 우리의 호흡과 함께 체내로 들어갔다 나오는 투명한 기체이기도 하고, 고마운 마음으로 목구멍으로 넘기는 투명한 액체이기도 하며, 인간이 만든 추악함을 모두 덮어 주는 새하얀 수정 같은 눈꽃이기도 하고, 우리를 벌벌 떨면서 걷거나 운전하게 만드는 미끄러운 고체이기도 하다.

보통 우리는 물이 끊긴다거나, 화장실 변기가 넘친다거나, 출근길이 물에 잠기는 등의 문제가 발생하지 않는 한 우리 주변의 물에 주의를 기울이지 않는다. 선진국에서는 특히 깨끗한 물을 당연하게 여긴다. 2,550년 전 아주 덥고 위생 상태가 좋지 않은 나라에서 사셨던 부처님은 몸을 씻고 마실 수 있는 깨끗한 물은 가장 고귀한 선물에 속한다고 말씀하셨다. 전 세계적으로 물 공급량이 머지않아 바닥날 것이라는 염려가 더욱 커지고 있다. 세상에는 안전하게 마실 수 있는 식수가 없어 고통받는 사람들이 아직 많다. 그런데 생명을 지탱해 주는 이 고마운 선물을, 땅과 하늘이 날마다 우리에게 주는 이 고마운 선물을 우리는 고마워하고 있는가?

옛날에 한 젊은 수도승이 스승의 목욕물을 데우기 위해 강에서 물을 떠왔다. 수도승이 물을 통에 쏟은 뒤 나무 양동이에 남아 있던 물 몇 방울을 땅에 털어 버리자 스승이 제자의 깨어 있지 못함을 엄하게 꾸짖었다. 그 물 몇 방울을 마당의 풀에 주면 풀에 생명을 줄 수 있고, 그렇게 다른 수도승들에게, 부처님의 법에, 나아가 강에 다시 생명을 되돌려 줄 수 있다는 것이었다. 그때 수도승의 마음이 열렸다. 그는 '데키스이(滴水)'라는 이름을 얻었는데, '물 한 방울'이라는 뜻이었다. 그는 그렇게 정진하여 위대한 스승이 되었다.

▎한 걸음 더

물에 깨어 있을 때, 우리의 마음은 그처럼 유유히 흘러가는 성질을 닮을 수 있다. 어떤 용기에든 아무 거리낌 없이 흘러가 담기는 물처럼 가볍고 유연한 마음을 기를 때, 우리는 생겨나고 변화하는 여러 상황 속으로 저항 없이 흘러 들어갈 수 있다. 저항은 에너지 낭비일 뿐이다.

우리는 강이나 개울가에 앉아서 끝없이 변화하며 쉬지 않고 흘러가는 물의 흐름을 바라보는 것을 좋아한다. 우리의 인생이라는 강물 역시 그처럼 고요한 눈으로 바라보며 그 덧없음을, 원인과 결과의 그 끝없는 흐름을 편안히 받아들일 수 있을까?

물이 고체에서 액체로, 다시 기체로 각기 다른 형태를 넘나드는 것을 관찰할 때, 우리 역시 삶에 대해, 그리고 덧없음이라는 진실에 대해 배울 수 있다. 수많은 성분이 일시적으로 응축되어 겉보기에 고체로 보이는 인간을 형성했지만, 이 성분들을 균형 있게 지탱하고 있는 요소들이 변화하면(혈중 칼륨 농도가 낮아지면, 심장 박동이 불규칙해지면, 운전대 앞에서 한순간 방심하면) 그것들은 분리되고 이내 분해되기 시작하여 수소와 탄소, 칼슘, 산소, 약간의 열 따위의 요소들로 돌아갈 것이다.

우리가 물에서 얻을 수 있는 배움이 한 가지 더 있다. 흙탕물을 유리잔에 붓고 가만히 놔두면 진흙이 바닥에 가라앉으면서 물은 다시 맑아진다. 우리의 마음이 불안하고 초조하고 두려울 때는 어떤 해답도 보이지 않는다. 깨어 있다는 것은 마음을 고요히 하면 그 본모습인 청명함이 되돌아온다는 사실을 기억하는 것이다. 그저 앉아서 두세 번 깊은 심호흡을 한 뒤 생각과 감정이 가라앉도록 내버려 두어라. 방법은 어렵지 않다. 이 책에 나온 연습법 중 아무것이나 하나 실행해 보면 된다. 긴급한 상황에서 가장 요긴하게 쓸 수 있는 것은 다음과 같은 연습이다. 몸속으로 들고 나는 숨에 의식을 모아 보라. 단전에 의식을 모으고 몸과 마음에 사랑과 친절을 보내면서 들려오는 모든 소리에 귀를 열어 보라. 마음을 새로 목욕시킨 것처럼 상쾌한 기분이 들 것이다.

▌이 한마디

도겐 선사는 그의 선원의 요리사들에게 이렇게 가르쳤다고 한다.

"물을 그대들 피라고 여기시게."

29
Chapter

고개를
들어 보면

- **연습법**

하루에 여러 번 의도적으로 고개를 들어 본다. 2~3분간 천장이나 고층 빌딩, 나무 꼭대기, 지붕, 언덕이나 산, 하늘을 찬찬히 바라보라. 새로이 알아차려지는 것이 있는지 보라.

한 주간 기억하는 방법

위로 향하는 화살표 표시나, '고개 들기'라고 적은 종이를 붙여 놓는다.

길잡이

우리는 하루 대부분을 좁은 시야에 갇힌 채 보낸다. 눈이 머리 앞쪽에 있으므로 우리의 시각적 의식은 대개 우리의 눈높이에 맞는 지극히 작은 부

157

분에만 제한된다. 그러다가 키가 2미터가 넘는 남자를 보았다거나 위에서 갑자기 굉음이 난다거나 하는 특이한 일이 보이거나 들리면 그제야 고개를 든다. 물론 농부나 항해사 등 특정 직업에 종사하는 사람들은 평소에도 하늘을 자주 본다. 앞으로의 날씨가 그들에게 무척 중요하기 때문이다. 하지만 요즘에는 그들조차 일기예보를 알려 주는 텔레비전 화면이나 레이더 스크린을 바라보는 경우가 더 많다.

위를 올려다볼 때 우리의 관점은 갑자기 확장된다. 마음이 다람쥐 쳇바퀴에서 빠져나가 넓게 펼쳐지며 유연해지는 것이다. 위를 올려다볼 때 사람들은 전에 보지 못했던 많은 것을 보게 된다. 천장의 전등, 건물의 장식물, 바람에 나부끼는 나무 꼭대기의 나뭇잎, 수많은 모양과 색깔의 구름들, 아파트 창문을 내다보고 있거나 베란다에 기대어 서있는 사람들, 촘촘하게 열을 맞춰 방향을 급선회하는 새 떼.

우리가 뭔가를 정면에서 똑바로 바라볼 때조차 얼마나 많은 것을 놓치고 보지 못하는지를 잘 보여 주는 심리학 실험이 있다. 사람들은 고릴라 옷을 입은 사람이 농구장을 어슬렁거려도 알아보지 못했고, 사진 속 두 사람의 얼굴을 바꾸어도 알아보지 못했으며, 자신들이 길을 물어보고 있는 사람을 다른 사람으로 바꾸어도 눈치채지 못했다(행인을 커다란 판자를 운반하는 인부의 뒤에 잠깐 숨긴 뒤 다른 사람으로 바꿔서 내보냈다). 우리는 백일몽 속에서 살면서 4분의 3은 눈을 감고 걸어 다닌다.

| 한 걸음 더

'마음 모아 보는 것'은 엄밀히 말하면 그냥 보는 것과 똑같지 않다. 무엇인가를 보려면 시력뿐 아니라 집중력도 필요하다. 농구장에서 고릴라 옷을 입은 사람이 수많은 관중의 눈에 보이지 않은 것은 관중의 관심이 다른 곳에, 즉 어떤 팀이 점수를 얼마나 올리는가에 집중되어 있었기 때문이다. 우리는 회사로 차를 몰고 가는 길에 두 눈을 멀쩡히 뜨고 정지 신호를 보지만, 우리가 멈추었었는지 아닌지에 대해서는 정확히 의식하지 못한다.

우리는 바로 앞에 있는 것에 너무 몰두한 나머지, 주변에서 일어나는 일 중 상당 부분을 놓치고 만다. 아이들은 어른들보다 주변을 훨씬 더 잘 알아차린다. 어른들은 앞으로 걱정할 일이 닥치지는 않을까 불안해하면서 오직 자신들의 삶에만 신경이 쏠려 있기 때문이다. 고개를 들어 위를 올려다볼 때 우리의 삶은 많은 존재들(새, 비행기 등)과 현상들(무지개, 저녁노을 등)을 아우르며 전보다 더 넓어진다. 우리의 시야가 넓어질 때 자아의 경험 역시 넓어진다. 우리는 '나, 내 세상, 내 걱정들'이라는 작은 상자 안에 갇혀 있을 필요가 없다.

고개를 들어 위를 올려다볼 때 우리는 더 넓은 관점을 갖게 된다. 5층 베란다에 서있는 여자, 혹은 우리 머리 위를 맴돌고 있는 독수리가 우리를 내려다보는 모습은 어떨까? 우리가 그들의 눈을 통해, 신의 눈을 통해 아주 조금이라도 볼 수 있다면 폐쇄된 밀실 같은 자아에 갇힌 삶이 활짝 트이면서 황홀한 자유를 맛보게 될 것이다. 올려다보는 것은 곧 내다보는 것이다. '나 자신'이라는 조그만 상자에서 나와 광활한 진실을 내다보는 것이다. 당신도 밖으로 나와 보지 않겠는가?

눈은 깨어 있기를 위한 중요한 도구다. 시야를 넓게 열고, 진정으로 보라.

30

정의하기와
방어하기

- **연습법**

자신이 스스로를 어떻게 정의하고 있는지, 또한 자신과 자신의 개인적인 영역을 어떻게 방어하고 있는지 알아차려 본다. 여를 들어, 누군가 당신을 자유주의자라고 하는가, 아니면 보수주의자라고 하는가? 자신의 직위를 어떻게 방어하는가? 물잔이나 주차장, 또는 지하철 좌석을 얼마나 순식간에 '내 것'이라 여기는지, 그리고 다른 사람이 그것을 가져갈 때 당신은 어떻게 반응하는지 주의 깊게 살펴보라.

이 과정을 하루에 여러 번 반복한다. 특히 짜증이나 화가 났을 때 자신에게 이렇게 물어보라.

"나는 지금 이 순간 나 자신을, 혹은 내 영역을 어떻게 방어하고 있는가?"

'정의하기와 방어하기?'라고 적은 종이를 적절한 장소에 붙여 놓는다.

| 길잡이

이 연습은 티베트 불교의 마이클 콘클린(Michael Conklin)이라는 교사로부터 시작된 것이다. 그는 우리 선원 근처의 한 지역 대학에서 불교를 가르친다. 그가 학생들에게 내주는 숙제 중에 '자신을 정의하고 방어하는 과정을 한 주간 지켜보기'라는 것이 있다. 학생들은 그 숙제를 하면서 상당히 많은 것을 발견하게 된다. 가장 큰 발견은 자신들이 한시도 쉬지 않고 자신을 정의하고 방어하는 과정 속에 있다는 사실이다.

우리는 교실 안에서 자신이 앉는 자리, 즐겨 가는 음식점의 구석 자리, 고속도로 위에서 자신의 차가 차지한 공간, 벽장 안의 어떤 선반, 헬스클럽에서 즐겨 운동하는 자리 등 특정 물리적 장소를 마치 자기 소유인 양 규정하는데, 바로 그때 이 '정의하기'를 분명하게 볼 수 있다. 만일 우리가 마음속에 말뚝을 박아 표시해 놓은, 보이지 않는 경계선을 그어 놓은 자신만의 영역을 누군가가 존중하지 않는다면 우리는 어떤 식으로든 반응을 보인다. 요가 매트를 내려놓는 순간, 그 자리는 곧 '내 자리'가 된다. 우리 선원에서는 일단 명상 수련이 시작되면 누구의 방석이든 옮기는 일에 매우 조심해야만 한다. 그렇지 않으면 어떤 사람들은 정말로 언짢아하기 때문이다. 우리는 어디를 가든 안전한 둥지를 만드는 경향이 있고, 그것을 지키고자 한다.

이 과정은 삶의 초기에 시작된다. 오쿠무라 쇼하쿠(奥村正博) 스님은 어린 아들을 공원에 데리고 갔던 일에 대해 말했다. 그는 아들이 미국 친구들을 사귈 수 있도록 함께 갖고 놀 장난감 몇 개를 가지고 갔다. 하지만 다른 아이들이 다가오자 스님의 아들은 장난감을 가슴에 품고는 첫 영어를 내뱉었다.

"안 돼, 내 거야!"

자아란 그렇게 태어나고 방어되는 것이다. 이는 인간 발달에서는 자연적인 과정이지만, 인간으로서 진정한 만족을 얻고 싶다면 어른이 된 뒤에는 수정해야 한다.

한 걸음 더

탐욕은 자신을 완성하기 위해, 그리고 행복해지기 위해 뭔가가 필요하다고 생각할 때 생긴다. 그것은 차나 집, 음식, 학위, 대중의 인정이 될 수도 있고, 어떤 사람이 될 수도 있다. 마음이 가있는 것을 갖지 못한다면 우리는 불행해진다. 우리는 이처럼 어떤 물질적 소유물로 자신을 정의하며, 그래서 어떻게든지 그것을 손에 넣고 놓지 않으려고 하는 것이다.

우리는 또한 정신적 소유물로도 자신을 정의한다. 지식을 마구 자랑한다거나 자신의 관점을 격렬하게 방어하는 것이 그 예다. 우리는 이렇게 생각한다.

'이 문제에 관한 한 내 의견이 정답이니까 네가 설득될 때까지 내 주장을 계속하겠어!'

만일 한 집단에 열 명이 있다면, 거기에는 당신과 다른 의견이 아홉 개나 있으리라는 사실을 감안할 때, 이것은 몹시 놀랍고도 흥미로운 사실이다. 왜 우리는 우리의 의견만이 유일하게 옳다고 생각하는 것일까?

분노나 짜증은 우리가 스스로를 방어하고 있다는 증거다. 분노는 내가 행복해지려면 어떤 것 혹은 어떤 사람이 없어져야만 한다고 생각할 때 생겨난다. 그것은 특정 정치인이 될 수도 있고, 통증이나 병이 될 수도 있으며, 도저히 성격이 맞지 않는 상사나 동료, 귀찮은 이웃이나 그 집의 짖어 대는 개가 될 수도 있다. 그들을 없애 버리지 못하면 우리는 불행해진다. 왜 세상은 내가 원하는 모습으로 협조해 주지 않는단 말인가? 이 또한 놀랍고도 흥미로운 사실이다. 지구상의 70억 인구가 바라는 대로가 아니라 바로 '내' 방식대로 세상이 돌아가지 않는 이유는 대체 무엇이란 말인가?

우리는 우리 자아의 실체에 대해서도 무지하다. 우리의 자아는 한결같고 안정된 것이 아니다. 자아는 언제나 변화한다. 우리가 '나'라고 부르는 모든 것은 우리가 좋아하는 것과 싫어하는 것, 옷, 머리 모양, 심지어 몸의 모든 세포에까지 영향을 미치는, 끊임없이 변화하는 과정이다. 매번의 호흡은 그 끊임없는 흐름의 일부분이다. 자아에 대한 감각을 붙들어 두려고 할 때 우리는 오직 괴로움만 만들어 낼 뿐이다.

"마음은 영락없는 서른 살인데 겉모습은 예순 살이라니, 너무 싫어!"

| 이 한마디

방어해야 할 자아라는 것은 애초에 존재하지 않는다. 본디 자아란 끊임없이 변화하는 감각 덩어리이기 때문이다. 우리가 사고라고 부르는 감각도 그에 포함된다.

냄새
알아차리기

● 연습법

이번 한 주 동안은 가능한 한 자주 냄새를 알아차려 본다. 뭔가를 먹거나 마실 때는 아주 간단하고 쉬운 연습이 되겠지만, 그렇지 않을 때도 있을 것이다. 그렇다 해도 인내심을 가지고 시도해 보자. 하루에 서너 번, 마치 개처럼 허공에 대고 코를 킁킁거려 보라. 주변에서 딱히 나는 냄새가 없다면 쉽게 감지될 만한 냄새를 만들어 내도 좋다. 손목에 바닐라 추출액을 조금 발라도 좋고, 계피나 정향 같은 향신료를 끓여도 좋다. 향초를 태우거나 허브오일의 냄새를 맡을 수도 있다.

한 주간 기억하는 방법

'냄새'라고 쓴 종이나 코 그림을 도움이 될만한 장소에 붙여 놓는다.

냄새는 강렬한 조건반사를 일으킬 수 있다. 콧속의 세포 중 냄새에 반응하는 세포는 감정과 기억을 관장하는 '원시 두뇌(primitive brain)'의 처리 센터로부터 시냅스 두 개만큼만 떨어져 있기 때문이다. 강렬한 조건반사란 다시 말해 욕구나 혐오감이다. 이 무의식적인 반응은 우리가 냄새를 맡았음을 인식하지 못할 때조차 일어날 수 있다. 우리는 감기에 걸렸다거나 해서 후각을 잃기 전까지는 후각을 특별히 인식하지 않는다. 하지만 후각을 영원히 잃어버리게 되는 사람들은 전에 음식에서 얻었던 즐거움을 잃어버리기 때문에 깊이 상심한다. 또한 불이 나도 냄새를 맡지 못할까 봐, 자신의 몸에서 나는 나쁜 체취를 맡지 못할까 봐, 혹은 상한 음식을 먹을까 봐 불안해하는 사람들도 많다.

냄새에 깨어 있는 연습을 할 때 사람들은 주변에 수많은 냄새가 있었음을 발견하게 된다. 어떤 냄새는 확실하고(커피, 계피빵, 석유, 스컹크), 어떤 냄새는 미묘하다(집 밖으로 나갈 때 코로 들어오는 신선한 공기, 얼굴에서 나는 비누나 면도 크림 냄새, 깨끗한 이불의 냄새). 사람들은 또한 냄새가 감정과 욕구, 혐오감을 불러일으킬 수 있다는 사실도 발견한다.

우리가 '풍미'라고 부르는 것은 대부분 후각에서 비롯된다. 혀는 짠맛, 단맛, 신맛, 쓴맛 등 몇 가지 감각을 인식할 수 있을 뿐이지만, 우리는 몇천 가지 향기, 분자만큼 아주 작은 향기 입자까지도 구별할 수 있다. 연구에 따르면, 여자가 남자보다 후각이 더 예민하다고 한다. 여자는 남자를 유혹하기 위해 향수를 뿌리지만 아마 헛된 노력인 경우가 다반사일 것이다. 남자들이 가장 좋아하는 향기로 꼽은 것은 빵 굽는 냄새, 바닐라 향, 고기 굽는 냄새라고 하니 말이다.

사실 '좋은' 냄새나 '나쁜' 냄새는 없다. 저마다 자기 주변의 흔한 냄새들에 익숙해질 뿐이다. 아프리카에 살 때 내 주변에 있던 사람들에게서는 나무 태운 냄새가 섞인 강한 땀 냄새가 났다. 그것은 태어나면서부터 그 냄새에 둘러싸여 자란 아이에게는 말할 수 없이 편안한 냄새였다. 아마 나에게서 나는 냄새가 그들에게는 특이했는지, 그들은 어둠 속에서도 내가 오는 것을 알아채곤 했다.

동양과 서양이 처음 만났을 때, 동양인들은 유제품을 먹고 목욕을 자주 하지 않는 유럽인들의 체취를 싫어했다. 그들은 유럽에서 온 그들의 손님을 '버터 악취'라고 불렀다. 사람은 자신의 체취는 거의 맡지 못한다. 다른 사람이 우리에게 샤워를 하라던가, 향긋한 냄새가 난다고 말하면 우리는 깜짝 놀란다. 자기 몸의 냄새를 맡지 못하듯이 우리는 자기 인품의 '향기'도 인식하지 못한다. 우리 인품의 향기는 다른 사람들에게 어떤 영향을 미칠까?

| 한 걸음 더

우리 행동의 상당수가 무의식적인 조건반사에 의한 것이다. 우리는 어린 시절 우리에게 상처를 주었던 사람과 비슷하게 생겼거나, 비슷한 옷을 입었거나, 비슷한 말투로 말하거나, 심지어 비슷한 체취가 나는 사람을 만나면 이 무고한 사람을 향해 즉각적이고도 설명할 수 없는 반감을 느낀다. 이는 그와는 아무런 관계가 없는 일이다. 이것은 그저 '전기적인 현상(electrical phenomenon)'이며, '감각인상'이다. 이 감각인상이 신경 세포로 하여금 예전 기억과 감정이 저장되어 있는 뇌의 저장 장소로 순식간에 달려가 연결되게 만든다. 이 습관적인 양상을 바꾸는 것은 쉽지 않다. 우리는 먼저 몸의 감각과 생각, 감정들이 일어날 때 그것을 선명히 알아차려야 하며, 감각과 느낌 사이의 접점을 주의 깊게 관찰해야 한다. 바로 그 지점이 사고와 감정, 말, 행동의 연쇄 반응, 혹은 불자들이 카르마(karma)라고 부르는 것을 이끌어 내는 모체이기 때문이다.

'감각'→'감정(느낌)'→'인식'→'행동'으로 이어지는 일련의 연쇄 반응은 너무도 순식간에 일어나서 각각을 개별적 단계로 바라보는 것은 아주 어렵다. 하지만 냄새에 관해서는 이 사건들의 연쇄를 이해하기가 한결 쉽다. 집 밖으로 나가 깊게 숨을 들이마신다고 생각해 보라. 그러다가 어떤 냄새를 하나 감지하고 몸을 움찔한다. 왜일까? 화학 분자가 당신의 콧속으로 들어갔을 때 당신은 어떤 냄새인가를 맡았고, 그것이 무엇인지 당신의 마음이 알아채기도 전에 그것이 부정적인 느낌을 일으킨 것이다. 그런 다음, 당신의 마음은 그것을 정의하려고 시도한다.

"윽, 개똥이군."

이것은 인식이다. 그다음에는 의지적인 행동이 뒤따른다. 당신은 이렇게 말할지도 모른다.

"어떤 작자가 내 집 마당에 개똥을 누이고 간 거야?"

또는 그저 집 안으로 들어가서 비닐봉지를 갖고 나와 똥을 치울 수도 있다.

냄새는 우리의 정신적·감정적 상태와 행동에 강력한 영향을 미친다. 냄새는 기억과 오래된 반응을 불러일으킬 수 있다. 예를 들어, 어릴 적 아버지가 사용했던 특정 면도 크림의 냄새는 당신과 아버지의 관계가 어땠느냐에 따라 행복과 사랑의 느낌을 안겨 줄 수도 있고, 짜증스럽거나 냉담한 기분을 줄 수도 있다. 심리학자들은 때로 음란물 중독 같은 파괴적인 충동이나 행동을 없애기 위해 고약한 냄새를 사용하기도 한다.

이와 같은 냄새의 연쇄 반응을 긍정적으로 활용하면 매우 효과적일 수 있다. 명상 공간에 향을 피우는 것도 시간이 지나면서 향냄새와 고요하고 집중된 마음 상태 사이에 강력한 연관 관계가 생기기 때문이다. 향냄새가 나는 명상 공간에 들어가면 마음은 자동적으로 차분해진다. 수도승들은 긴 명상을 하다 보면 냄새에 무척 민감해지기 때문에 향냄새만으로도 명상 시간이 언제 끝나는지 분간할 수 있다. 타들어 가는 향의 끝이 향 그릇의 잿더미에 닿을 때 냄새가 달라지기 때문이다.

우리는 마음이 고요하고 다른 감각 기관으로 들어오는 자극이 최소화되어 있을 때 향기에 무척 민감해진다. 예전에 어떤 절에 잠시 머물렀던 적이 있다. 어느 날 밤 나는 절 마당에 앉아 있었는데, 절 주변으로 거대한 대나무 숲이 펼쳐져 있어 주위가 무척 깜깜했다. 묵언수행을 한 지 7일째 되던 날이었는데, 태풍이 지나가고 난 이틀 뒤라 공기는 깨끗하고, 내 마음은 완전하게 고요했으며, 의식은 넓게 열려 있었다. 침묵 속에서 나는 대나무 이파리 하나가 아래로 천천히 떨어지는 소리를 들었다. 나는 미묘하지만 향긋한 향기를 알아차릴 수 있었다. 바로 대나무에서 나온 것이었다. 나는 그 이후로 그 냄새를 두 번 다시 맡지 못했다. 나는 그 우아하고 섬세한 향기를 영원히 잊지 못할 것이다. 그리고 그 기억은 그날 밤의 장엄한 평화를 떠올리게 한다.

가장 섬세한 기쁨을 주는 명상이 바로 냄새에 깨어 있는 연습이다. 매번 숨을 내쉬고 들이쉴 때마다 냄새가 어떻게 변하는지를 관찰해 보라.

32
Chapter

이 사람이
오늘 밤 죽는다면

• 연습법

직접 만나서든 전화로든 누군가와 이야기하고 있을 때 속으로 이렇게 생각해 보자.

'이 사람이 오늘 밤 죽을 수도 있다. 이것이 나가 이 사람과 함께하는 마지막일 수 있다.'

상대의 말을 듣는 마음에, 상대에게 말하는 말투에, 상대를 대하는 태도에 변화가 생기는지 살펴보자.

▎한 주간 기억하는 방법

욕실 거울, 당신의 얼굴이 비치는 곳 쿠근에 '이 사람이 오늘 밤 죽을 수도 있다'라고 적은 종이를 붙여 놓는다. 비슷한 내용의 쪽지를 집 전화기 근

처와 일터에도 붙여 놓는다. 주로 사람들을 대하는 동안 잘 보게 되는 곳
으로 고른다.

❙ 길잡이

이 연습이 처음에는 좀 우울했다고 말하는 사람들이 간혹 있지만, 그들도
자신이나 지금 함께 이야기하고 있는 사람의 죽음에 대해 알아차릴 때 전
과는 다른 방식으로 상대의 말을 듣고, 주의를 기울이게 된다는 사실을 이
내 발견한다. 지금이 이 사람을 살아서 보는 마지막이 될 수도 있다고 생각
할 때 우리의 가슴은 열린다. 사람들, 특히 날마다 보는 사람들과 이야기할
때 우리는 쉽게 주의가 분산되고, 건성으로 듣는 경우가 많다. 그 사람 얼
굴을 온전히 마주하기보다는 시선을 약간 옆으로 하거나 아래로 떨어뜨린
채로 다른 것을 보기 십상이다. 심지어 일하고 있는데 말을 시켰다고 짜증
을 내기도 한다. 그들이 죽을 수도 있다는 사실을 자각하고 난 후에야 비로
소 당신은 그들을 새로운 눈으로 보게 된다.

이 연습은 당신이 이야기 나누고 있는 사람이 늙었거나 아플 때, 또는
당신이 사랑하는 사람이나 아는 사람이 최근에 죽었을 때 특히 사무치게
다가온다. 작별 인사를 할 때 공손한 자세로 서서 상대가 탄 차나 기차가
안 보일 때까지 바라보며 손을 흔들어 주는 풍습을 가진 나라들이 있는데,
이는 서로를 보는 것이 이번이 마지막일 수도 있다는 자각에서 나온 것이
다. 자녀나 배우자, 부모와의 마지막 만남이 조급함이나 화로 점철되어 있
다면 그 얼마나 슬픈 일이겠는가? 사랑의 마음으로 작별 인사를 했다면 우
리의 마음은 참으로 편안할 것이다.

병과 노화, 죽음은 이 세상에 태어난 이상 누구도 피할 수 없는 것이지만, 우리는 마치 우리가 사랑하는 사람들에게는 그런 일이 일어나지 않으리라는 듯이 살아간다. 이 연습은 인간의 생명이 상당히 연약한 것이며, 죽음은 어느 순간에든 올 수 있다는 사실을 부정하고 싶은 마음을 깨뜨릴 수 있도록 도와준다. 아주 경미한 혈중 칼륨 농도 변화, 악성 박테리아, 앞에서 다가오는 졸음운전하는 운전자, 또는 심장의 갑작스러운 전기 패턴 이상만으로도 인간의 생명은 다할 수 있다. 가끔 직장 등료나 가족이 불치병 선고를 받는다든지, 또래나 더 어린 사람이 갑작스럽게 죽을 때, 우리는 죽음을 부정하고 싶은 욕망을 들어 올리고, 그 아래에 있던 부서지기 쉬운 인간의 삶이라는 진실을 본다.

물론 우리의 마음을 끊임없이 죽음에 대한 불안으로 채우자는 이야기는 아니다. 다만 덧없음을 알아차리면 우리가 날마다 마주치는 사람들을 더욱 소중하게 만날 수 있다는 사실을 잊지 말자는 것이다. 죽음에 대한 부정이라는 장막이 들어 올려질 때 우리는 모든 인간의 삶은 짧다는 진실을 몸소 체험하는데, 그러면 우리의 대화는 달라진다. 머릿속에 반쯤은 다른 생각을 품은 채로 건성으로 이야기하는 것이 아니라 각각의 만남에 훨씬 더 깨어 있게 되는 것이다. 이 고요한 깨어 있음이 일상적인 우리 인간들의 세상에서는 참으로 드문 일이다.

우리는 매일 밤, 다음 날 눈을 뜰 것이라는 확신 속에 잠이 든다. 우리 역시 오늘 밤 죽을 수 있다는 사실을 깨닫는다면 우리는 삶의 매 순간 속에 더욱 생생히 깨어 있게 될 것이다.

우리 선원에서는 묵언수행을 하는 동안 하루를 마칠 때마다 이런 게 송(偈頌, 부처의 공덕이나 가르침을 찬탄하는 노래_옮긴이)을 부른다. 당신 역시 이 연습을 하는 한 주 동안 매일 잠자리에 들기 전에 이 게송을 부를 수 있다.

삼가 말씀드립니다.
삶과 죽음은 모두 지극히 중요합니다.
시간은 빠르게 지나며, 기회는 사라집니다.
오늘 하루가 지나가면 삶은 하루 줄어듭니다.
우리 모두 깨어날 수 있도록 노력합시다.
깨어납시다!
눈을 뜹시다!
삶을 낭비하지 맙시다!

이 한마디

죽음에 깨어 있을 때, 단 한 번뿐인 생생한 이 삶의 순간에 우리의 의식이 열린다.

33
Chapter

냉정과
열정 사이

• 연습법

이번 한 주는 냉기와 열기의 감각에 깨어 있어 보자. 온도나 온도 변화에 대해 신체적 · 감정적인 반응이 올라오는지 살펴본다. 또한 온도에 상관없이 편안함을 유지하는 연습을 해본다.

한 주간 기억하는 방법

'추위와 더위'라고 적은 종이나 온도계 그림을 붙여 놓는다.

길잡이

이 연습을 하면서 우리는 바깥 날씨가 조금만 바뀌어도 우리가 얼마나 쉽게 반감을 표시하는지 알게 된다. 반감이 일어나는 범위는 저마다 다르다.

우리는 마치 그래서는 안 된다는 듯이, 마치 해와 구름, 공기가 우리를 불편하게 만들려고 작당이라도 했다는 듯이 "너무 더워!" 혹은 "너무 추워!"라고 불평한다. 우리는 온도에 적응하기 위해 늘 뭔가를 한다. 히터와 에어컨을 켜거나 끄고, 창문과 방문을 열거나 닫고, 옷을 입었다가 벗었다가 한다. 우리의 만족스러움은 그다지 오래가지 않는다. 기온이 30도를 웃돌면 시원한 날씨를 갈망하고, 춥고 비가 오는 겨울이 되면 해를 그리워한다.

나는 미주리에서 보냈던 어린 시절의 여름을 기억한다. 차 안에 앉아 있으면 좌석에 씌워진 비닐 커버가 다리에 쩍쩍 달라붙었고, 차에서 나올 때쯤이면 커버 위로 땀이 흥건하게 흘러 웅덩이가 생기곤 했다. 우리는 바깥에서 뛰어놀면서 끈적끈적하게 땀범벅이 되었지만, 한 번도 불평하지 않았다. 여름은 더운 것이 당연하다고 생각했기 때문이다. 아이들은 바닷가에 놀러 가면 바닷물 온도에 상관없이 언제나 물에 들어가서 공놀이를 한다. 그러던 우리가 왜 어른만 되면 지금 있는 그대로의 현실을 그토록 견디지 못하는 것일까?

한번은 한여름에 평화 순례를 한 적이 있다. 때는 8월이었는데, 문을 열고 집 밖으로 나가는 것이 마치 사우나 안으로 들어가는 것 같은 날씨였다. 몇 분 지나지 않아 우리가 입은 옷은 땀으로 흠뻑 젖었다. 몇 시간이 지나자 살갗에 소금기가 묻어나고, 옷에도 소금기 때문에 흰 동그라미가 생겼다. 불평을 하지 않기가 힘들 정도였다. 하지만 그곳 사람들은 아기부터 아주 나이 많은 노인들까지 조금도 아랑곳하지 않고 묵묵히 자신의 일을 하고 있었다. 그 모습을 보고 우리는 불평하고 싶은 마음을 놓아 버리고, 그저 있는 그대로의 그 순간에 현존하기로 마음먹었다. 축축한 살갗과 보송

 내 안의 성난 코끼리 길들이기

한 살갗, 찌는 듯한 실외와 시원한 실내, 줄줄 흐르는 땀줄기의 따끔거리는 느낌은 모두 그저 감각일 뿐이었다. 마음이 만들어 낸 고통이 사라지자 우리는 방금 전보다 훨씬 행복한 순례자들이 되었다.

어떤 수련 중에 한 여자가 내게 다가와서 옷을 몇 겹이나 껴입고 뜨거운 물병을 껴안고 있는데도 계속 춥다고 말했다. 나와 이야기하면서 그녀는 자신이 추위를 두려워하고 있다는 것을 깨달았다. 그녀는 그 두려움이 비이성적인 것임을 자각하고, 그 감정의 근원을 찾으려 노력해 보았다. 그녀는 결국 20년 전 심장에 문제가 있었으며, 그때 극심한 추위를 경험했다는 것을 기억해 냈다.

나는 그녀에게 '몸 훑어보기' 명상을 차분히 해보고, 몸 전체에서 몇 퍼센트 정도가 춥지 않게 느껴지는지 말해 달라고 했다. 몇 분 뒤 그녀는 놀랍게도 몸의 90퍼센트 이상이 따뜻하게 느껴지며, 심지어 뜨겁게 느껴지는 부분도 있다고 말했다. 그녀는 자신의 몸에서 추위가 느껴지는 10퍼센트가 100퍼센트의 두려움을 만들어 내고 있음을 깨달았다. 그녀는 마음 한구석을 짓누르고 있던 무거운 짐을 들어 올리자 지난 10여 년간 지속되던 두려움이 사라졌노라고 말했고, 이제는 온도 차이가 생겨도 훨씬 쉽게 견딜 수 있게 되었다.

나는 언젠가 내 차에 탔던 사람이 내가 시동을 걸기도 전에 에어컨을 켜려고 팔을 뻗는 모습을 본 적이 있다. 마치 음식 맛을 보기도 전에 소금을 치는 것과 같다고 할까? 우리는 행여 어떤 불편감이 다가올세라 우리를 철저히 방어하려는 태도가 자연스럽게 몸에 배어 있다. 하지만 그럼으로써 다양한 경험 속에서 얻게 되는 발견의 기쁨과 깨달음의 자유를 잃어

버린다. 그 경험을 깊이 탐구하고, 심지어 그 안에서 행복을 느낄 수도 있는데 말이다.

한 걸음 더

불편함을 마음공부 소재로 삼는 아주 좋은 방법은 바로 피하기를 그만두는 것이다. 불편함에 정면으로 맞닥뜨리고, 지금 이 순간의 진실인, 몸 안에서 느껴지는 감각을 느껴 보는 것이다. 불편함을 곰곰이 따져 보라. 그크기, 모양, 표면의 질감, 색깔이나 소리, 지속성까지도 느껴 볼 수 있다. 이렇게 주의를 기울여 명상에 집중할 때 우리가 불편함이나 통증이라고 부르는 것은 모양을 바꾸기 시작하며, 심지어 사라지기까지 한다. 그것은 그저 빈 공간 속에서 번쩍거리며 나타났다가 사라지는 일련의 감각들로 바뀌어 버린다.

일본에서는 명상 공간 '젠도(禪堂)'에 겨울에도 불을 때지 않으며, 창문은 모두 열어 둔다. 비나 눈을 흠뻑 맞지 않을 뿐, 그냥 밖에 앉아 있는 것과 다름없다. 어느 겨울, 길고 긴 수련을 할 때였다. 나는 내가 가지고 있는 옷을 전부 꺼내어 입었고, 너무 많이 껴입어서 가부좌를 틀기가 어려울 정도였다. 살갗이 얼음처럼 차가워졌기 때문에 아주 잠깐이라도 얼굴이나 손에 의식을 두면 통증이 느껴졌다. 전통적인 선 수련 때는 젠도에서 식사를 한다. 음식을 먹는 동안 나는 이미 감각이 사라져 버린 손가락에 젓가락이 잘 끼워져 있는지 눈으로 확인하면서 먹어야 했다. 이 불편함으로부터 벗어날 수 있는 방법은 단 하나, 나의 모든 의식을 단전, 혹은 몸의 중심 깊숙이에 집중하는 것뿐이었다. 참으로 강력한 수련이었고, 나는 존경하는 하라다 소가쿠(原田祖學) 스님이 왜 이 선원을 눈이 많이 오는 깊은 산중에 세웠는지 이해할 수 있었다.

우리는 우리에게 꼭 맞는 외부적 환경을 만들기 위해 많은 노력을 기울인다. 하지만 언제나 편안함을 느끼는 것은 불가능하다. 모든 것은 늘 변화하기 때문이다. 그렇기 때문에 뭔가를 통제하려고 시도할 때 신체적 피로와 감정적 고통을 겪게 되는 것이다.

이와 관련한 선불교의 공안이 있다. 한 스님이 스승인 도잔 스님에게 물었다.

"추위와 더위는 우리에게 주어지는 것입니다. 어떻게 하면 그것을 피할 수 있습니까?"

도잔 스님이 답했다.

"추위나 더위가 없는 곳으로 가지 그러나?"

질문한 스님은 어리둥절하여 다시 물었다.

"추위나 더위가 없는 곳이 어디입니까?"

그러자 도잔 스님이 다시 답했다.

"자네가 죽을 만큼 춥거나 더운 곳이지."

이 가르침에서 '죽는다'라는 말은 '내가 행복하려면 상황이 이러이러해야 한다'라는 생각이 죽는 것을 말한다. 이상하게 들릴지 모르겠지만, 당신은 불편함이나 통증에 깨어 있는 연습을 하면서 상당한 행복을 느낄 수도 있다. 이 행복은 그저 지금 이 순간에 존재하는 기쁨, 또는 새로이 얻는 자신감에서 나온다. 이때의 자신감이란 삶이 무엇을 가져다주든, 그것이 심지어 통증이라 해도 마음모음 같은 도구의 도움을 받아 직면할 수 있게 되었다는 자신감을 말한다.

이 한마디

마음이 "너무 추워" 혹은 "너무 더워"라고 말하거든 그 말을 믿지 마라. 추위와 더위를 느끼는 몸 전체의 감각을 깊이 관찰하라.

발밑의
대지 느끼기

• **연습법**

될 수 있는 대로 자주 발밑의 거대한 대지를 느껴 본다. 눈으로 보고, 감촉으로도 알아차리며, 특히 발바닥의 감촉을 이용해 보자. 건물 안에 있다면 상상력을 발휘하여 건물 아래에 있는 대지를 느껴 보자.

한 주간 기억하는 방법

'대지'라고 쓴 종이나 땅의 사진을 주변의 적절한 곳에 붙여 놓는다. 책상이나 조리대, 식탁에 흙을 담은 작은 접시를 올려놓을 수도 있다.

길잡이

우리 선원에서 이 연습을 날마다 했던 적이 있다. 방법은 아침에 침대에서 나오자마자 바닥에 이마를 대는 것이었다. 처음에는 조금 이상한 행동처럼 느껴졌지만, 우리 모두는 이 수련을 아주 즐기게 되었다. 선 수련의 하나로 날마다 절을 수차례 하지만, 이 아침 수련은 우리가 하는 그 어떤 절보다도 간절하게 가슴에 와 닿는다. 아침에 눈을 떠서 몸을 일으키자마자 무릎을 꿇고 앉아 바닥에 이마를 대는 것은 그날 하루를 겸손과 감사로 시작하게 도와준다. 우리를 지탱해 주고 있는 대지에 대한 감사 말이다. 우리는 잠자리에 들기 전에도 똑같은 절로 하루를 마감했는데, 그것은 늘 우리를 든든히 받쳐 준 것을 인정하고 감사하는 표현이었다.

온종일 우리 인간은 땅의 표면 위를 걸어 다니고 차를 몰고 다니면서도 생명의 플랫폼인 이 거대한 구를 까맣게 잊고 지낸다. 우리는 또한 우리를 땅에 붙들어 주는 중력에 대해서도 생각하지 않고 지낸다. 우리의 발걸음을 지탱해 주고 삶을 붙들어 주는, 우리 발밑에 있는 대지에 깨어 있는 이 연습에 깊은 감동을 받았다고 하는 사람들이 많다.

주의가 분산되었거나 깊은 생각에 잠겨서 고개를 높이 치켜들고 있을 때 우리는 쉽게 균형을 잃는다. 하지만 우리의 주의가 발바닥에서부터 땅으로 퍼져 나갈 때 우리는 든든히 뿌리를 박고 있다고 느끼며, 생각이나 감정, 기대치 않은 사건이 몰려와도 덜 흔들리고, 안정을 유지한다.

틱낫한 스님은 이렇게 썼다.

"나는 벼와 잡풀들이 양옆으로 펼쳐진 시골길을 혼자 걷는 것을 좋아한다. 깨어서 땅 위를 한 발 한 발 내딛다 보면 나는 참으로 경이로운 지구 위를 걷고 있음을 느낀다. 그럴 때 존재는 놀랍고 신비로운 현실

 내 안의 성난 코끼리 길들이기

이다. 사람들은 보통 물 위를 걷거나 공중에서 걷는 것을 기적이라고 생각한다. 하지만 내가 보기에 진정한 기적은 땅 위를 걷는 것이다. 우리가 기적임을 알아채지도 못하는 기적 말이다."

▌한 걸음 더

부처님은 아들 라훌라(Rahula)에게 다음과 같은 가르침을 주셨다.

"땅처럼 명상하여라. 땅은 저에게 와 닿는 것들이 좋거나 싫거나 그것으로 곤란해하지 않는다. 그러니 네가 땅처럼 명상한다면 좋은 일이든 나쁜 일이든 너를 해치지 못할 것이다."

부처님은 인간이 땅 위에 향기로운 장미꽃 물을 붓든 불쾌한 하수구 물을 붓든, 땅은 아랑곳하지 않고 언제나 단단하고 흔들림 없다는 것을 간파하셨다. 땅은 우리 인간이 어떤 것을 만들어 내도, 그것이 아름다움이든 전쟁이든 상관하지 않고 우리를 늘 지탱해 준다. 이 지구의 표면에서 어떤 일이 일어나든 지구는 우리 발밑에 굳건하게 존재한다. 깨어 있기나 명상, 기도는 우리의 머리와 가슴을 그처럼 안정되고, 흐트러지지 않은 상태에서 쉬도록 훈련할 힘을 가지고 있다.

물론 땅의 안정적이고 변함없는 성질에 감사한다고 해서 우리가 지구의 건강에 대해 무관심하거나 땅이 계속 오염되도록 방치해도 상관없다는 뜻은 아니다. 그러나 환경에 대한 걱정으로 우리 마음이 가라앉지 않도록 만드는 것 또한 매우 중요하다.

한번은 나의 스승 마에즈미 선사께서 아르헨티나의 부에노스아이레스에서 열린 환경의식에 대한 국제 회의에 참석하신 적이 있다. 스님은 환경 문제에 큰 관심을 보인 적이 한 번도 없으셨기에 제자인 우리는 이 회의로 스님이 많은 것을 알게 되시리라 기대하며 기뻐했다. 스님이 회의에서 돌아오셨을 때 우리는 스님에게 무엇을 배우셨느냐고 물었다. 스님은 회의가 어떤 대학교 건물 여러 채에서 열렸는데, 그 건물들 사이에 푸른 풀밭이 있었다고 하셨다. 그리고 그 한 주 내내 환경운동가들이 따로 나있는 길을 이용하지 않고 지름길이랍시고 풀밭을 가로질러 다니는 통에 결국 작은 공원이 진흙탕으로 변하는 모습을 보았노라고 하셨다. 스님이 보시기에 이것은 모든 인간 문제의 근원에 자리한 무지를 아주 잘 보여 주는 실례였다. 어떻게 하면 인간이 지구를 더 사랑하게 만들 수 있을지 토론하고 고민한다는 사람들이 땅과 풀은 하나같이 무시하고 있었다.

문제에 대해 많은 것을 생각하고 말하는 것은 좋지만, 그러느라고 지금 이 순간에 깨어 있지 못하고 청정한 마음을 기르지 못한다면 우리가 풀고자 하는 그 문제는 언제까지나 미결인 채로 남아 있을 것이다.

| 이 한마디

발밑에서 느껴지는 거대한 대지를 끊임없이 알아차릴 수 있다면, 또한 스스로를 그 대지의 표면에 붙어 살아가는 아주 작고 일시적인 얼룩과 같은 생명이라고 인식할 수 있다면 그때 당신에게는 어떤 수련도 필요 없을 것이다.

35
Chapter

싫어하는 것
알아차리기

• **연습법**

어떤 사람이나 사물을 향해 부정적인 감정이 생겨날 때 그 반감을 알아차려 본다. 이는 짜증이라는 비교적 미미한 감정이 될 수도 있고, 분노나 증오라는 강렬한 감정이 될 수도 있다. 그러한 반감이 올라오기 전에 어떤 일이 벌어지는지 주의 깊게 살펴보라. 소리, 촉감, 맛, 냄새, 생각 등 어떤 감각인상이 생겨나는가? 하루 중 가장 처음으로 반감이 올라오는 것은 언제인가?

한 주간 기억하는 방법

'싫어하는 것 알아차리기'라고 쓴 종이를 거울, 텔레비전, 컴퓨터 화면, 자동차 계기판 등 반감이 일어날 만한 장소에 붙여 놓는다. 얼굴을 찌푸리고 있는 사람의 사진을 활용할 수도 있다.

이 연습을 할 때 우리는 우리가 생각했던 것보다 훨씬 자주 부정적인 감정이 튀어나온다는 것을 알게 된다. 알람시계가 울릴 때, 혹은 침대에서 나오는데 허리가 아플 때 부정적인 감정이 튀어나와 그날 하루를 불쾌한 마음으로 시작할 수 있다. 아니면 아침 뉴스에서 보도되는 사건 때문에, 전철이나 주유소에 길게 늘어선 줄 때문에, 마주친 가족이나 동료, 손님 때문에 안 좋은 기분이 생겨날 수도 있다.

내가 남편이 집에서 나오기를 기다리며 차 안에 있을 때였다. 멍하니 창밖을 내다보고 있는데, 담장 근처에 다 자라서 이제 씨를 뿌리려 하는, 길게 자라난 민들레 무더기가 눈에 들어왔다. 나는 즉시 차에서 튀어 나가 가지 치는 가위를 가져와서 기다란 꽃대를 짤막하게 잘라 버리고 싶다는 충동이 솟아올랐다. '윗부분을 좀 잘라야겠네'라는 생각과 함께. 나는 이것이 분노의 씨앗임을, 비록 내 안에 숨겨져 있지만 이 땅에서 벌어지는 모든 전쟁의 씨앗임을 깨달았다. 나는 민들레를 싫어하지도 않았다. 그 화사한 금빛 얼굴들은 가만히 들여다보기에 얼마나 좋은지 모른다. 자세히 들여다보고 있노라면 부정적인 마음 상태도 금세 바뀌고 만다. 나는 민들레가 온통 퍼지도록 놔둘 생각은 없었지만, 마당의 다른 풀들과 어우러지도록 다듬어야 한다면 부정적인 감정으로 그렇게 하지 않을 수 있을 때까지 기다려야겠다고 생각했다. 나는 민들레의 생명에 감사하고, 잔디와 잡풀들 사이에 편안하게 어우러져 있는 모든 존재를 향한 자애를 연습하기 위해 잔디 깎는 기계를 이용할 수도 있을 것이었다.

우리가 보통 행복한 하루였다고 말하는 하루 동안에도 싫은 감정이 얼마나 여기저기서 튀어나오는지 알게 되면 상당히 당혹스러울 것이다. 하지만 반감이라는 감정이 우리의 일상생활 도처에 퍼져 있다는 사실을 인식하는 일은 매우 중요하다. 싫은 감정은 불교에서 말하는 세 가지 고통의 마음 상태인 '탐욕(혹은 집착)', '노여움(혹은 밀쳐 냄)', '어리석음(혹은 착각)' 중 하나다. 이 세 가지 상태를 고통이라고 부르는 것은 마치 바이러스가 우리 몸에 고통을 주듯이 이 세 가지 역시 우리 몸에 침투하여 우리 자신은 물론 주변 사람들까지도 고통과 괴로움을 겪게 만들기 때문이다.

싫은 감정은 분노와 공격성의 숨은 원천이다. 그것은 우리가 누군가 혹은 무엇인가를 우리 삶에서 없애 버릴 수만 있다면 행복해질 것이라고 생각하는 데서 나온다. 행복해지기 위해 없애 버리고 싶은 것은 모기처럼 사소한 것일 수도 있고, 한 나라처럼 방대한 것일 수도 있다.

그런 생각보다 더욱 터무니없는 태도도 몇 가지 있다.

'상황이나 사람을 내가 원하는 대로 만들 수만 있다면 나는 행복할 거야.'

이런 태도를 터무니없다고 말하는 데는 적어도 두 가지 이유가 있다. 첫째, 우리가 이 세상의 모든 것을 우리 입맛에 완벽히 들어맞게 만들 수 있다 할지라도 그 완벽함은 단 몇 초밖에 가지 못할 것이다. 세상의 모든 사람은 무엇이 정답인지, 그리고 그것을 실천하기 위해 어떻게 행동해야 하는지에 대해서 각기 생각이 다르기 때문이다. 우리가 생각하는 '완벽함'이 다른 사람에게까지 완벽하지는 않다. 둘째, 세상을 억지로 완벽하게 만들려는 시도는 반드시 실패할 수밖에 없다. 세상은 그 본성상 덧없기 때문이다. 무엇도 영원하지 않다.

때때로 나는 선원 주변을 걸어 다니다가 마음속에서 미묘한 느낌이 올라오는 것을 감지한다. 그것은 아주 약하지만 한순간에 나를 오롯이 집어삼킬 수 있는 싫은 감정이다. 내가 맡은 일과 관련하여 어떤 부분을 고치거나 바꾸어야 한다는 생각이 들 때 그런 감정이 올라온다. 불완전함을 인식할 때 생겨나는 것이다. 이런 판단은 꼭 필요한 것이지만, 이것이 마음 상태를 흐트러뜨릴 때면 잠시 '있는 그대로의 모든 것에 감사하기'로 마음을 다잡아야 한다.

마음모음 연습은 현재 내 주변이 어떤 모습이든, 또 상황이 어떻게 변화하든 내면의 편안함을 유지하도록 도와준다. 이 연습은 만물 안에서 완벽함을 볼 것을 제안한다. 내 안에서 올라오는 싫은 감정을 알아차리고, 감사와 자애의 마음으로 그것을 잠재워 보라고 요청한다.

| 이 한마디

부처님의 유명한 말씀이 있다.

"화는 화로 멈추지 않는다. 오직 사랑만이 멈출 수 있다."

내 안에 있는 화를 알아차리고 해독제를 처방하라. 해독제는 바로 사랑과 친절의 실천이다.

진짜로
보고 있나요?

• 연습법

하던 일을 멈추고 지금 이 순간 당신이 무엇에 주의를 기울이고 있는지 알아차려 본다. 그런 다음, 감각을 확장하여 알아차리지 못하고 있던 것이 무엇인지 발견해 본다. 우리는 대개 선택적으로 주의를 기울인다. 지금 주의를 기울이지 않고 있던 것은 무엇인가?

한 주간 기억하는 방법

주변에 '무시하고 있는가?'라고 적은 쪽지를 붙여 놓는다(이 쪽지도 무시하면 안 된다). 하루 중 몇 차례 손을 멈추고 이 연습을 할 수 있도록 알람시계를 맞추어 놓는 것도 좋다.

우리는 아주 좁은 시야로 하루를 살아간다. 우리는 먼저 알람시계 소리에 주의를 기울인다. 그러면 그날 하루 해야 할 일들이 마음속에 떠오른다. 또는 텔레비전이나 컴퓨터 화면에 무엇이 나오고 있는지, 전화기에서 누구의 목소리가 들려오고 있는지 등에 주의를 기울인다. 우리의 주의는 특별한 일이 일어날 때만 확장된다. 커다란 쿵 소리가 들리면 귀는 깜짝 놀라 깨어난다. 자동차에서 역화 현상이 발생했나? 아니면 총기 사건인가? 혹은 날씨가 갑자기 바뀔 때에야 몇 주나 몇 달 만에 처음으로 고개를 들어 하늘을 본다.

하던 일을 멈추고 의도적으로 시각과 청각의 범위를 넓힐 때, 우리는 주변에서 벌어지고 있는 일 중에서 우리가 놓치고 있던 것이 정말 많다는 것을 깨닫는다. 우리는 냉장고 소음, 창밖의 자동차 소리, 발밑에서 느껴지는 바닥의 감촉, 해의 위치, 바닥 비닐 장판의 다양한 색깔을 놓치고 있었다. 주의를 기울이는 범위를 넓히면 편안함과 안도감이 찾아온다. 마치 주의를 좁은 범위에만 한정하는 데 엄청난 에너지가 들었던 것처럼 말이다.

마음이 특별하게 잘 수련된 경우가 아니라면 우리는 대개 한 번에 두 가지에 온전한 주의를 기울일 수 없다. 발바닥에 온전하게 주의를 집중하여 그 온기와 간질거림, 압력 등을 전부 느껴 보라. 감각이 가장 강하게 느껴지는 곳이 어디인지, 아무 감각도 느껴지지 않는 곳은 어디인지 감지해 보라. 이제 그 의식 상태를 유지한 채 속으로 100에서 7까지 거꾸로 세어 보라. 마음이 발바닥과 머릿속 숫자 사이를 정신없이 오가며 두 가지를 동시에 하려고 애쓰는 것이 느껴질 것이다.

마음이 한 번에 두 가지에 온전히 깨어 있도록 만들어지지 않았기 때문에 우리는 늘 많은 것을 의식에서 제외한다. 우리는 대부분 자신의 호흡을 인식하지 못한다. 그저 몸이 알아서 숨을 쉬게 놔둘 뿐이다. 처음으로 호흡 알아차리기 수련을 시작하여 단순히 숨 쉬는 행위에만 의식을 집중하게 되면 사람들은 '정상적인' 호흡이 무엇인지 알아내려고 동분서주한다. 얼마나 길게, 혹은 깊이 숨 쉬어야 하는가? 가슴만 움직여도 되는가, 아니면 아랫배까지 움직여야 하는가? 결국 사람들은 숨을 억지로 쉬지 않는 법을 배우게 된다. 마치 밤에 깊이 잠든 자기 자신을 바라보는 심정으로 마음이 숨을 그저 바라보게 놔두는 것이다.

숨에 주의를 집중할 때 우리는 길고 긴 해야 할 일 목록에 대해서는 걱정할 수 없다. 그래서 호흡 명상이 혈압을 낮춰 주고, 스트레스를 줄여 주는 것이다.

▎ 한 걸음 더

우리의 눈과 피부, 귀로 들어오는 수많은 풍경과 감각, 소리를 무시하는 것은 어쩌면 시험 전에 책을 읽는다든지, 중요한 이메일을 쓴다든지, 비디오 게임에서 높은 점수를 따는 등 지금 하고 있는 일에 집중하기 위해서는 반드시 필요한 일일지 모른다. 그러나 감각 기관을 그렇게 막아 두기 위해서는 에너지가 필요하다. 이런 투명한 방패를 내려놓고 우리의 의식을 주변 전체로 확장한다는 것은 마치 좁아터진 퀴퀴한 방에서 나가 거대한 푸른 초원에 서 있는 것과 같다. 안과 의사들은 책이나 비디오 같은 것에 장시간 집중하는 사람들은 멀리 있는 것을 본다든지 하는 방식으로 규칙적으로 눈을 쉬어 주어야 한다고 강조한다. 우리 마음에도 똑같은 조언이 적용된다. 우리는 규칙적으로 마음을 이 조그만 상자에서 빼내어 마음의 본성대로 멀리, 넓게 확장되도록 해주어야 한다.

우리가 주의를 기울이고 있는 것에 의식을 모을 때, 다시 말해 자신의 마음이 집중하고 있는 것을 바라볼 때, 우리는 우리의 주의가 상당히 제한되어 있다는 것을 알게 된다. 마찬가지로 세상을 보는 우리의 시야 또한 자기중심적이다. 자기중심적이라는 말은 불교에서는 나쁜 뜻이 아니다. 그저 모든 인간이 자연스럽게 자기 자신에게 집중되어 있다는 것을 표현하는 말이다. 우리의 주의는 대부분 우리에게 기쁨을 주는 것을 추구하고, 위험할 수 있거나 불쾌한 것은 피하며, 그 밖의 것은 전부 무시하는 데 집중되어 있다. 나는 아름다운 소녀는 가까이에서 보고 싶어 하고, 남자 노숙자는 피하고 싶어 하며, 계산대 줄에서 내 앞에 선 사람은 무시해 버린다.

명상을 하며 앉아 있거나 묵상 기도에 들어갈 때 우리는 좋은 것은 좇고, 나쁜 것은 피하는 마음의 전략을 내려놓는다. 우리는 바쁜 하루 동안 우리가 얼마나 많은 것을 무시하고 지냈는지 알아차린다. 우리는 모든 것을 있는 그대로의 모습으로 아우를 수 있도록 의도적으로 의식을 최대한 넓게 확장한다. 숨이 들어오고 나갈 때의 갈비뼈의 움직임, 환풍기의 낮은 소음, 방금 방에서 나간 사람이 남겨 놓고 간 향수 냄새, 책상 서랍에 넣어 두고 온 막대사탕의 모습 등 모든 것을 우리는 어떠한 설명도 덧붙이지 않고, 아무런 판단이나 비난도 없이 그저 알아차린다. 내면의 대화가 시작되면 감각적 알아차림이 즉각 닫혀 버리는데, 그럴 때면 내면의 목소리를 잠재우고, 다시 한 번 의식을 넓게 확장한다.

 내 안의 성난 코끼리 길들이기

선불교에서는 이것을 '알지 못함'이라그 부른다. 이것은 아주 특별하고도 현명한 '무지'다. 우리가 '알지 못함' 속에서 쉴 때 많은 가능성이 열린다. 우리는 귀뚜라미 울음소리나 부드럽거 빗방울이 떨어지는 소리 같은 듣지 못하던 소리를 듣게 될지도 모른다. 심지어 중요한 진실을 말해 주는 고요한 내면의 목소리를 들을지도 모른다.

이 한마디

하루에 적어도 한 번은 하던 일을 멈추고 환기의 시간을 가져라. 알려고 하거나 하려고 하는 일체의 행위를 멈추고, 의식을 넓게 열고 '알지 못함' 속에 그저 앉아 있어라.

바람 느껴 보기

• 연습법

공기의 움직임에 깨어 있어 본다. 여기에는 바람처럼 분명한 형태도 있고, 호흡처럼 미묘한 형태도 있을 것이다.

한 주간 기억하는 방법

'바람'이라고 적은 종이를 집과 직장의 잘 보이는 곳에 붙여 놓는다.

길잡이

바람은 사나운 강풍에서부터 부드러운 숨결에 이르기까지 많은 종류가 있다. 한 주 동안 하루에 여러 차례 이 연습을 의식적으로 하면서 감각을 열어 놓으면 우리는 공기의 미묘한 움직임까지도 알아차리게 된다. 사람들

은 바람을 만들어 낸다. 숨을 쉴 때, 코를 쿵쿵거릴 때, 뜨거운 음료수에 입
김을 불 때, 한숨을 쉴 때도 공기의 움직임이 있다. 걸을 때 역시, 심지어
실내에서라 할지라도 당신의 몸이 만들어 내는 공기의 움직임이 있다. 건
조기, 전자레인지, 냉장고 등 수많은 가전제품 속에서도 공기의 움직임이
만들어진다.

어떤 사람은 자신의 몸이 바람을 느끼자 마음이 '이것은 시원한 미풍'
이라고 인지하기도 전에 살갗에 벌써 소름이 돋는다는 것을 발견해 냈다.
우리의 몸은 우리가 인식하고 있지 않을 때조차, 다시 말해 무의식 상태에
있거나 잠들어 있을 때조차 주변 환경을 인지하고 있다. 몸은 피부 제일
바깥쪽에 아주 얇은 거위 털 재킷처럼 보호막을 형성하기 위해 모공을 부
풀려서 우리를 보호한다. 일부 선승들은 이것이 바로 우리 안의 불성을 잘
보여 주는 예라고 지적했다. 그렇게 쉬지 않고 우리를 보살핀다는 것이다.

감각이 더욱 섬세해질수록 우리는 우리가 움직일 때 공기의 움직임을
만들어 낸다는 것을 자각한다. 말할 때도 마찬가지다. 모든 소리는 공기의
움직임이 아닌가? 한 항해사는 바람이 지구 전체를 끊임없이 휘돌고 있다
고 설명한 적이 있다. 그는 배에 타면 바람을 정확하게 느끼며, 바람이 불
어올지 아닐지를 맞힐 수 있다고 말한다. 바다 한가운데에서 이처럼 바람
을 의식하지 않는다면 그것은 곧 죽음을 뜻할 수도 있으니 충분히 그럴 법
한 말이다. 강풍이 불어올 때 그는 배를 바람에 정면으로 맞서게 몬다. 그
렇지 않으면 순식간에 배가 뒤집힐 수 있기 때문이다.

항해하는 법을 배울 때는 수면이나 깃발 방향, 타각 표시기(배에 묶어 놓은
천 조각_옮긴이)의 미세한 변화를 감지하여 바람을 읽는 법도 함께 배운다. 눈

에 보이는 깃발이나 타각 표시기가 없다면 항해사는 갈매기 같은 바닷새를 관찰하여 바람의 방향을 감지한다. 바닷새들은 깃털이 뒤집어지지 않도록 늘 바람을 정면으로 마주 보고 있기 때문이다. 바람에 깨어 있는 연습을 하는 동안, 수시로 바뀌는 바람에 이 정도로 민감하게 깨어 있어 보면 어떨까?

┃ 한 걸음 더

바람이 존재한다는 것을 어떻게 알 수 있을까? 우리가 바람을 경험하는 데는 네 가지 방식이 있다. 첫째, 촉감으로 느낀다. 둘째, 온도 변화로 느낀다. 셋째, 다른 물체가 움직이는 것을 보고 안다. 넷째, 바람이 지나가는 소리를 듣고 안다. 우리가 바람이라고 부르는 것은 본질적으로 '변화'다. 눈에 보이는 것의 변화(나뭇잎이 움직임), 느낌의 변화(살갗이 차가워짐), 들려오는 소리의 변화(윙윙거리는 바람 소리) 등. 우리는 바람의 존재를 피부 전반에 퍼져 있는 신경 자극과 고막, 망막을 통해 간접적으로만 알 수 있다. 사실 우리가 인지하는 모든 것도 이와 마찬가지다. 우리는 실제를 직접 알 수 없다. 다른 존재들에 대한 우리의 의식은 우리의 신경 체계로 들어오는 전기적 자극에 의해 만들어지는 것이므로 우리는 어떤 것이 독립적 실체라는 사실을 증명할 방법이 없다.

　마음이 저 깊은 곳까지 고요할 때는 어떤 것이든 갑작스러운 깨달음을 가져다줄 수 있다. 바람도 마찬가지다. 야마다 무몬(山田無文) 스님은 어려서 아주 심한 결핵을 앓았다. 의사는 가망이 없다며 치료를 포기했다. 스님은 살기를 포기하고 몇 년간 혼자서 지냈는데, 그때 마음이 점점 고요하고

 내 안의 성난 코끼리 길들이기

차분해졌다. 화창하고 맑은 어느 여름날, 스님은 마당의 꽃들이 바람에 흔들리는 것을 보고 돌연 거대한 힘이 존재한다는 사실을 깨달았다. 스님은 이 거대한 에너지가 바로 자신과 모든 존재에게 생명을 주고 있음을, 그렇게 자신과 모든 살아 있는 것을 품어 주고 있음을 깨달았다. 스님은 다음과 같은 시를 썼고, 곧 불치의 결핵은 말끔히 나았다.

모든 것은 품 안에 있구나
우주 마음의 품 안에
시원한 바람이 말해 주었지
오늘 아침에

무몬 스님이 말한 '우주의 마음'은 여러 가지 이름으로 불린다. 그것은 아무런 경계가 없다. 시간과 공간을 넘어 어디에나 미친다. 하지만 그러면서 무엇으로도 자신을 드러내지 않는다. 오직 아주 작은 것, 작은 숨결, 작은 소리, 바람에 떨어지는 작은 꽃잎 하나로만 나타날 뿐.

| 이 한마디

참으로 쉬운 깨어 있기 연습이 있다. 바로 콧속으로 들고 나는 숨결에 깨어 있는 것이다. 몇 시간 동안 한번 해보라. 여기에는 아무런 위험도 없다. 우리 삶의 결을 구성하는 미세한 변화들에 훨씬 더 깨어 있게 될지도 모른다는 것 이외에는.

38 Chapter

스펀지처럼 듣기

• 연습법

자신이 마치 스펀지가 되어 상대가 무슨 말을 하든 흡수하는 것처럼 상대의 말을 들어 본다. 마음을 고요히 하고 그저 받아들여 보라. 꼭 대답해야 하는 경우가 아니라면 마음속으로 어떤 대답도 만들어 내지 말자.

한 주간 기억하는 방법

'스펀지처럼 듣기'라고 적은 종이나, 귀와 스펀지 그림을 적절한 곳에 붙여 놓는다.

길잡이

우리 선원에서는 이 연습을 '흡수하듯 듣기'라고 하는데, 우리는 이런 듣기가 많은 사람에게 자연스럽지 않다는 것을 알게 되었다. 예를 들어, 음악가들은 음악적인 소리는 흡수하듯 집중해서 듣는 것이 훈련되어 있지만, 그렇다고 상대방이 하는 이야기에도 그렇게 주의를 기울일 수 있다는 뜻은 아니다. 좋은 심리치료사들은 흡수하듯 듣기를 실천한다. 그들은 내담자의 목소리나 어조가 아주 조금만 바뀌어도 예민하게 알아차린다. 그런 것이 말보다 더 깊은 뜻, 혹은 말과는 모순되는 더 깊은 속마음, 파헤쳐 보아야 하는 숨겨진 분노나 눈물을 내포하고 있을 수 있기 때문이다.

변호사들은 그 반대의 훈련을 한다. 그들은 상대가 하는 말의 오점이나 모순을 지적해 내기 위해 상대의 말을 듣는 동시에 마음속으로는 반박할 내용을 만들어 낸다. 이런 태도는 법정에서는 유용할지 몰라도 집에서 배우자나 아이들을 대할 때는 별로 효과가 없을 것이다. 특히 자녀가 10대라면 더더욱 그럴 것이다.

흡수하듯 듣는 연습을 하다 보면 직업이 변호사가 아닌 사람일지라도 자신의 마음속에 변호사가 한 명 있음을 알아차리게 된다. 바로 이렇게 말하는 머릿속 목소리다.

"빨리 말하고 끝내. 나 하고 싶은 말 좀 하게."

이 목소리는 고요하게 마음을 모아 듣는 것을 방해한다.

사람들은 또한 상대가 말하고 있는 1분이라는 짧은 시간 동안에도 자신이 얼마나 자주 '다른 데로 새는지' 깨닫게 된다. 마음은 쇼핑할 것들, 내일 약속, 지나가는 사람에게로 주의를 돌리느라 바쁘다. 흡수하듯 듣기란 쉽지 않다. 익히는 데 상당히 오랜 시간이 필요한 기술이다.

흡수하듯 듣기 위해서는 먼저 몸과 마음을 고요하게 만들어야 한다. 이것은 시끄럽게 움직이는 세상에서 내면에 고요한 중심을 유지하고 있어야 하는, 사뭇 활동적인 깨어 있기 연습이다. 주의 깊게 들을 때 자신의 생각은 배경을 이루는 소리처럼 인식될 것이다. 그리고 지나가는 차 소리처럼 자신의 생각들도 지나가는 것일 뿐임을 알고, 그것에 흔들리지 않을 것이다.

이 연습을 여러 사람과 집단으로 할 경우 가장 흥미로운 점은 내가 '받는 입장'이 될 경우다. 즉, 누군가가 내 말을 흡수하듯이 온전히 들어 줄 때 내 기분이나 반응이 어떠한지를 살펴보는 것이다. 대부분의 사람은 상대가 자신의 말을 그토록 깊이 경청해 준 데 대해 깊은 감사를 느낀다. 자신이 소중한 존재가 된듯한 기분이 드는 것이다.

〈쉘 위 댄스(Shall We Dance?)〉라는 영화에서 언제나 내게 감동을 주는 장면이 있다. 결혼 생활이 끝난 남자가 묻는다.

"사람들은 왜 결혼하는 걸까요?"

그러자 동료가 이렇게 답한다.

"우리의 삶을 지켜봐 줄 사람이 필요하니까요. '내가 봐주지 않으면 당신 인생을 봐주는 사람이 아무도 없을 거야.' 이런 거죠."

연민을 기르는 불교의 가르침 중 다른 사람의 말을 진심으로 들어 주는 것이 얼마나 중요한지를 강조하는 대목이 있다.

"우리는 상대가 말하는 것은 물론이고 말하지 않은 것까지도 들을 수 있을 만큼 주의 깊게 듣는 수련을 해야 한다. 상대의 말을 진심으로 귀 기울여 듣는 것만으로도 상대의 괴로움과 고통을 상당히 덜어 주는 것이다."

흡수하듯 듣는 훈련이 된 치료사들은 그렇게 들어 주는 것만으로도 치료 효과가 있다고 말한다. 치료법 중에는 내담자가 자신의 말을 들으면서 자신의 내면에서 지혜를 발견해 내도록 치료사가 아무 말도 하지 않는 치료법도 있다.

자신의 말을 들어 주는 사람이 아무도 없는 집에서 자란 한 수련생은 누군가 자신의 이야기를 주의 깊게 들어 주자 마치 '생명의 양식'을 받아먹은 것 같은 기분이 들었다고 했다. 어떤 사람들은 상대가 자신의 말을 무척이나 주의 깊게 들으면 처음에는 불편해한다. 자신이 말할 때 상대가 아무것도 하지 않고 오로지 듣기만 하는 경험을 그다지 해본 적이 없기 때문이다. 그들은 처음에는 마치 자신이 감시당하고 있거나 검사를 받고 있다고 느낀다.

흡수하듯 듣기는 자기 마음 안의 시끄러운 목소리를 잠재우는 데도 도움이 된다. 내면의 비판자는 이런저런 터무니없는 말들을 해댈 것이다.

"저기 저 주름 좀 봐. 정말 싫다! 늙으면 안 돼!"

그러거든 들려오는 말을 믿거나 반응하지 말고, 그저 알아차리기만 하라.

흡수하듯 듣기는 그 자체로 치료적인 효과가 있다. 그렇게 듣기 위해 심리학 학위를 딸 필요도 없다.

Chapter 39

감사하기

● 연습법

하루 중 언제라도 하던 일을 멈추고, 지금 이 순간 감사할 수 있는 것이 무엇이 있는지 의식적으로 떠올려 본다. 자기 자신에 대한 것일 수도 있고, 다른 사람, 주변 환경, 혹은 지금 몸이 움직이거나 느끼고 있는 대상일 수도 있다. 이것은 탐구와 같다. 호기심을 가지고 스스로에게 물어보라.

"지금 이 순간 내가 감사할 수 있는 것이 또 무엇이 있을까?"

한 주간 기억하는 방법

'감사하기'라고 적은 종이를 적절한 장소에 붙여 놓는다.

길잡이

많은 사람이 더 행복한 기분을 느끼고 긍정적인 기래를 만들기 위해 "나는 사랑받을 만해", "오늘은 좋은 날이 될 것이고 내가 원하는 것을 얻게 될 거야"라고 반복해서 말하는 긍정 선언을 활용한다. 긍정 선언은 특정 시점에는 효과적일 수 있지만, 시끄러운 마음 상태를 그저 얼버무려 버리는 역할을 하기도 한다. 하지만 지금 우티가 하려는 마음모음 연습은 그것과는 다르다.

감사 연습은 깊은 탐구와 같다. 지금 이 순간 어디에 있든 무엇이라도 감사할 거리를 찾아낼 수 있을까? 주변을 바라보고 듣고 느껴 보라. 무엇이 감지되는가? 조금만 그렇게 해보면 감사할 것이 무척 많다는 것을 금방 알 수 있을 것이다. 비에 젖지 않았고, 옷도 잘 입고 있고, 밥도 잘 먹었고, 친절한 가게 점원을 만났는가 하면, 지금 손에는 한 잔의 따뜻한 커피가 들려 있다.

감사할 대상을 두 종류로 나누면, 첫 번째는 방금 배불리 밥을 먹었다는 것과 같은 긍정적인 경험이며, 두 번째는 병이나 전쟁 같은 일이 지금 일어나고 있지 않다는 데서 오는 감사다. 우리는 그런 일로 고통을 겪어 보기 전까지는 그것이 없는 상태가 얼마나 감사한 것인지 모른다. 지독한 독감에서 낫고 나면 우리는 잠깐 동안일지라도 다시 건강하게 된 것을 기뻐하고, 기침이나 구토를 하지 않는다는 사실어 감사해하며, 먹고 걸어 다닐 수 있다는 사실만으로도 행복해한다. 우리는 아파 봐야 건강에 감사하게 되고, 목이 말라 봐야 물의 소중함을 알며, 정전이 되어 봐야 전기의 감사함을 안다.

　이 연습은 우리가 잠시 멈추어서 감각을 열고 지금 이 순간 내 삶에 허용되고 있는 것들을 받아들일 수 있도록 도와준다.

| 한 걸음 더

이 연습을 통해 우리의 기쁨은 더욱 커진다. 불교에서는 기쁨을 '무디타 (Mudita)'라고 한다. 이는 비단 우리를 기분 좋게 해주는 것에 감사하는 것만을 가리키는 것이 아니다. 이는 다른 사람의 기쁨과 행운에 내가 느끼는 행복까지 포함한다. 이런 기쁨은 상대방이 내가 사랑하는 사람일 때는 어렵지 않게 느낄 수 있다. 예를 들어, 내 아이가 새로운 장난감이 생겨서 행복해할 때 그 행복을 함께 나누기는 무척 쉽다. 하지만 내가 싫어하거나 질투하는 사람이 대중적인 인정이나 상처럼 내가 갖고 싶던 무언가를 가졌을 때는 어떠한가? 그들의 기쁨을 함께 느낄 수 있는가? 이것은 그렇게 쉬운 일이 아니다.

　마음이 뭔가 잘못된 것을 얼마나 잘 감지해 내는지 느껴 본 적이 있는가? 나의 잘못, 사람들의 잘못, 일에서의 잘못, 세상의 잘못까지, 우리의 마음은 '삶' 계약서를 정독하고 있는 변호사처럼 언제나 결점이나 위반 사항을 찾아내는 데 혈안이 되어 있다. 마음은 부정적인 것에 자석처럼 자동으로 끌린다. 언론의 뉴스만 보아도 그렇다. 시청자나 독자의 관심을 끄는 것은 자연재해나 사람이 만든 재해, 전쟁, 화재, 총기 사고, 폭발 사고, 자동차나 장난감의 리콜 사태, 전염병, 스캔들 따위뿐이다. 왜 우리의 마음은 부정적인 것에 끌리는 것일까? 그 이유는 마음은 일어날 수도 있는 긍정적인 일에 대해서는 걱정할 필요가 없기 때문이다. 좋은 일이 일어난다면, 물

　내 안의 성난 코끼리 길들이기

론 그건 멋진 일이다. 하지만 마음은 그런 것은 금세 잊어버린다. 마음의 관심은 오로지 우리를 부정적이고 위험한 것으로부터 지켜 내는 데 있다.

안타깝게도 이렇게 부정적인 것들이 우리의 마음을 물들이기 시작하며, 때로는 우리가 미처 알아채기도 전에 이런 일이 일어난다. 마음이 미묘하게 가라앉는 것을 인식하지 못한다면 부정적인 느낌은 더욱 커져서 두려움이나 우울 같은 더 어두운 마음 상태로 발전할 것이다. 이를 막으려면, 부정적인 쪽으로 향하는 마음의 습관을 돌려서 지금의 삶에서 더 큰 만족을 느끼려면 우리는 '기쁨'이라는 해독제를 써야 한다.

▎이 한마디

마에즈미 스님은 늘 우리에게 말씀하셨다.

"삶에 감사하시게!"

스님의 말씀은 날마다의 삶은 물론, 우리에게 삶을 준 거대한 생명에게도 감사하라는 뜻이다. 둘은 떨어져 있지 않기 때문이다.

노화의 신호
알아차리기

• 연습법

이번 주는 자기 자신과 다른 사람들, 동물과 식물, 심지어 무생물의 노화의 신호에까지 주의를 기울여 보자. 어떤 것이 나이 들어 가고 있다는 것을 우리는 어떻게 알아차리는가?

한 주간 기억하는 방법

'노화'라고 쓴 쪽지나 노인의 얼굴을 적절한 장소에 붙여 놓는다. 특히 화장실 거울이 좋다.

길잡이

선원에서 이 연습을 함께하면 많은 깨달음과 생생한 토론이 쏟아져 나온다. 주의만 기울인다면 우리는 어디서든 노화의 신호를 볼 수 있다. 과일은 썩고, 꽃잎은 시들어 떨어지며, 건물은 낡고, 차는 녹이 슨다. 서른이 넘어가면 사람들은 자신의 몸이 예전 같지 않다고, 또 병이 났을 때 전처럼 빨리 낫지 않는다고 당혹감을 표시한다. 나도 그맘때 발을 접질렀는데 몇 달이 지나도록 통증이 계속되고 제대로 걸을 수 없었던 경험이 있다. 나는 화가 났다. 왜 내 몸이 마음을 따라 주지 못하는 거지? 전에는 이렇지 않았는데……. 나는 10대 시절 그랬듯이 하룻밤 자고 일어나면 통증이 사라져 있기를 기대했던 것이다.

서른 살 청년 하나는 누가 자기를 '남자'라고 부르는 것이 싫다고 했다. 그의 마음은 이렇게 말하고 있었다.

"우리 아빠가 남자지, 나는 아니야."

그는 자신에게 흰 머리카락이 몇 가닥 생기고 있다는 것을 인정하려고 하지 않았다. 많은 청년이 어른이 되어서 이 복잡하고도 빠르게 돌아가는 세상에서 일정 정도 책임을 지는 것이 내키지 않는다고 고백한다. 선택할 것은 눈이 휘둥그레질 만큼 끝이 없는 것 같고, 그중 실제로 긍정적인 변화를 만들 수 있는 것들은 아주 적어 보이기 때문이다.

마흔쯤 되면 사람들은 자신의 삶이 이미 절반을 지나왔다는 것을 깨닫는다. 그들은 재고 조사를 하듯 이렇게 묻는다.

"내가 아직 몸과 마음에 힘이 있을 때 이루고 싶은데 이루지 못한 것이 무엇일까? 또 이쯤에서 포기해야 할 꿈들은 어떤 것일까?"

마흔이 넘어가면 사람들은 거울을 보다가 부모님이나 심지어 조부모님이 보여서 깜짝 놀란다고들 많이 이야기한다.

"내가 어쩌다 이렇게 늙었을까?"

그들은 손의 주름을 내려다보면서도 놀란다.

"내가 안 보는 사이에 언제 이렇게 주름이 늘어났을까?"

혹은 꽉 잠긴 병뚜껑을 열 수 없을 때나, 저녁에 잘 시간이 한참 남았는데도 피곤해서 곯아떨어질 때 당혹스러워한다.

70대의 한 할머니는 거울을 볼 때마다 주름만 눈에 들어오는 것이 싫어서 거울을 아예 안 본다고 했다. 나는 주변에 있는 사람들에게 물었다.

"베티 할머니와 말할 때 할머니의 주름을 눈여겨보는 사람 있나요?"

아무도 손을 들지 않았다. 베티 할머니는 자기 내면의 비판자 이외에는 아무도 주름을 싫어하지 않는다는 것을 알고 깜짝 놀랐다. 그때 한 사람이 말했다.

"주름이 아름다워 보여서 눈여겨본 적은 있어요."

내면의 내가 생각하는 나이와 신체 나이가 들어맞지 않을 때 우리는 당혹스러워한다. 어떤 사람은 자신의 내면의 나이는 인생에서 가장 행복했던 때에 멈추어 있는 것 같다고 말했다. 또 어떤 사람은 말했다.

"나이가 들면 자연히 더 지혜로워질 거라고 생각했는데, 이제 보니 지혜로워지려면 노력을 해야 하는 것 같아요."

어떻게 노력해야 할까? 그는 이렇게 답했다.

"진심으로 주의를 기울이며 깨어 있어야 할 것 같아요."

이 연습의 핵심은 덧없음에 깨어 있는 데 있다. 모든 것은 쉬지 않고 나이를 먹어 가며 스러져 가는 과정 속에 있다. 그것을 붙잡고 있으려면 점점 더 많은 노력이 필요할 것이다.

한번은 흠잡을 데 없이 아름다운 집에 초대받아 간 적이 있었다. 집주인 노부부는 돈이 많아서 집 구석구석을 완벽하게 꾸밀 수 있었다. 그런데 나는 노부부가 평소에는 이용하지 않는 지하 화장실에 들어갔다가 페인트칠에서 떨어져 나온 아주 작은 얼룩이 변기에 묻어 있는 것을 발견했다. 그 순간, 갑자기 이 아름다운 집이 몇십 년 동안 텅 비어 있다가 결국 무너져 재로 돌아가는 모습이 빠르게 머릿속을 스쳐 지나갔다.

이 연습을 한 어떤 사람은 말했다.

"모든 것이 늙어 가고 있다는 사실에 깨어 있으려고 노력해 봤어요. 지금 마시고 있는 이 차도 쿠키도 카펫도 모두 늙어 간다고 말이죠. 하지만 의식을 모든 것으로 넓혀 가니 겁이 덜컥 나면서 거기서 마음이 닫혀 버리더군요."

정확한 관찰이다.

어떤 사람은 자신이 얼마나 늙었는지를 정확히 어떤 감각이 말해 주는지 발견해 보려고 했다. 촉각일까? 체온이나 청각, 미각일까? 그는 알 수 없었다. 나이 들어 간다는 개념은 비교에서 나오는 것이기 때문이다. 비교하지 않는다면 '나이'라는 성질이 부가되지 않은, 오로지 감각이 있을 뿐이다. 내 후각은 전만큼 정확하지는 않다. 나는 이것을 알고 있지만, 둔감해진 후각으로 괴로워지는 것은 내 마음이 지금보다 냄새를 '더 잘' 맡았던 옛날을 기억해 내고, 상실을 슬퍼할 때뿐이다.

우리는 자기 자신이 아닌 다른 생명의 변화를 바라보는 일에는 한결 능숙하다. 우리는 즐거운 마음으로 조그마한 토마토 씨앗을 손에 쥔다. 토마토 나무의 첫 싹이 고개를 내밀면 흥분감에 들뜨고, 과즙이 풍부한 새빨간 열매가 매달리면 맛있게 먹는다. 토마토 나무의 잎과 줄기가 시들고 마른다고 해서 배신감을 느끼지도 않는다. 심지어 죽은 줄기를 뽑아서 기쁜 마음으로 퇴비에 더하기도 한다. 이처럼 열린 마음으로 자신의 생명의 각 순간들(아기 때, 10대 시절, 어른, 노년, 죽을 때)을 즐긴다는 것은 쉽지 않은 일이다. 과거나 미래에 연연하지 않고 지금 모습 그대로, 오직 이 순간을 즐기는 일은 말이다.

이 한마디

이 순간에 온전히 머물라. 그때 우리에게 나이란 없다.

41 Chapter

제시간 맞추기

- ## 연습법

한 주 동안 어떤 일이든지 '제시간에' 맞추어 보자 혼자 하는 일이든 다른 사람과의 약속이든 제시간에 맞추는 것이다. 무엇 때문에 제시간에 맞추지 못하는지, 자기 자신이나 다른 사람이 늦을 때 어떤 마음이 생기는지 관찰해 본다. 늘 제시간에 맞추는 사람이라면 약속 장소에 몇 분 늦게 도착해 보고, 내적 · 외적으로 어떤 반응이 올라오는지 살펴보라.

한 주간 기억하는 방법

손목시계나 벽시계 그림을 적절한 장소에 붙여 놓는다. 제시간에 도착할 수 있도록 알람시계를 5분 빠르게 맞춘다.

어떤 사람들은 늘 일찍 도착하는 습관이 있다. 그들은 그렇게 하는 것이 예의 바른 것이며, 다른 사람들과 조화를 이루는 것이라고 생각한다. 그들은 다른 사람들이 늦게 도착하면 짜증을 느낀다. 또 어떤 사람들은 습관적으로 늦는다. 그들은 먼저 가서 기다리는 것을 좋아하지 않는다. 지루하고 시간 낭비라는 생각에 화가 나기도 한다. 일찍 도착하면 불안해하는 사람들도 있다. 그들은 회의나 파티에 제일 먼저 도착하면 어색해한다. 어떤 사람들은 행사 준비를 도와주거나 주최자 등 다른 사람들과 사적인 이야기를 하면서 이 자투리 시간을 활용하여 그런 불안감을 해소하기도 한다. 어떤 사람들은 제시간에 겨우 맞춰 도착한다. 성가대 리허설이나 수업 시간 등 반복되는 일정에 한 사람이 늦게 온다면 머지않아 지각생은 눈덩이처럼 불어날 것이다.

이 연습은 문화적 차이를 보여 주기도 한다. 일본과 독일의 경우 기차 시간이 매우 정확하기 때문에 미국에서보다 훨씬 더 정확하게 약속 시간을 지킬 수 있다. 미국에서는 운전자 한 명밖에 타지 않은 자동차들이 움직이지 않는 차들의 행렬에 갇혀 초조해하기 일쑤인데 말이다.

일본의 학교에서 교사로 일하던 한 미국 청년이 하루는 좀 늦겠다고 교장에게 전화를 걸었다. 그는 미리 알려 줘서 고맙다는 소리를 들으리라 내심 기대했지만, 돌아온 대답은 이랬다.

"다른 사람들을 배려해야 합니다."

그는 30분 늦었다는 이유로 그날 하루의 일당 거의 전부를 받지 못했다. 그날 이후 그는 한 번도 늦은 적이 없다고 한다.

어떤 사람들은 시계를 일부러 빨리 맞추어 놓기도 한다. 그러면 자신도 모르게 일찍 출발해서 제시간에 도착하기 때문이다. 어떤 사람들은 제시간에 일을 마치기 위해 가짜로 마감일을 정해 긴장감을 유지한다. 간혹 하던 일을 멈추기가 힘들어서, 혹은 청소가 끝나지 않아서 늦었다는 사람들도 있다. 시간은 없는데 일을 너무 많이 하려 들 때도 시간 약속을 지키기 힘들다. 그런 사람들은 심부름을 너무 많이 맡아 버거워하거나, 마지막 이메일을 보내자마자 총알같이 차로 달려간다. 그러고는 차 열쇠를 안 가져왔다는 것을 깨닫고 다시 집으로 달려가 미친 듯이 집 안을 뒤지지만, 마침내 찾았다며 환호성을 지를 때는 이미 약속에 늦고 난 후다. 제시간에 맞추려면 습관 하나가 아니라 여러 가지가 바뀌어야 하는 경우도 많다. 전날 옷을 미리 골라 놓거나 점심 도시락을 미리 싸두어야 하는 식이다.

이 연습을 하다 보면 여러 내면의 목소리를 맞닥뜨리게 된다. 내면의 비판자는 이렇게 말할 것이다.

"넌 너무 멍청해! 넌 시간도 못 보냐? 넌 매번 늦잖아! 상사가 아마 벌써 널 해고했을걸. 그럼 이제 방세와 생활비는 어떻게 할래? 넌 구제불능이야!"

또 다른 내면의 목소리는 아마 합리화의 달인일지도 모른다. 늦었다는 것을 깨닫자마자 이 목소리는 변명을 만들어 넌다.

"알람시계가 죽어 있었다고."

"나가려고 하는데 막 중요한 전화가 왔어."

"오늘 교통체증은 정말 최악이었어!"

하지만 진실은 이렇다.

“나는 늦었다.”

할 가치가 있는 말은 이것뿐이다.

“모두 제 탓입니다. 죄송합니다.”

이토록 간단하다.

어떤 사람들은 절대로 늦는 법이 없는데, 그들은 아마 다른 연습을 해 보는 것이 좋을 것이다. 그들은 늦는 사람들에 대해 자신이 어떻게 생각하는지 살펴볼 수 있다. 또는 일부러 늦게 도착하고는 몸과 마음에서 어떤 일이 벌어지는지 관찰해 보는 것도 좋다.

| 한 걸음 더

이 연습은 사실 시간에 관한 것이 아니다. 이것은 마음 상태와 습관적 패턴에 대한 것이다. 다른 말로 하면 자기중심성에 대한 연습이다. 우리는 자신을 무척 중요하게 여기기 때문에 내 시간이 다른 사람의 시간보다 더 값지다고 생각한다. 우리는 할 일이 무척 많으며, 할 일 없이 앉아 수다를 떨면서 시간을 낭비하고 싶지는 않으므로 약속 장소에 제일 늦게 도착하기를 좋아한다. 어쩌면 우리는 스스로를 무척 생산적인 사람이라고 생각하면서, 옆 사람과 이야기하는 것은 그만큼 생산적인 일이 아니라고 여기는지도 모른다.

아니면 수줍음을 타는 성격일 수도 있다. 약속 장소로 들어가서 앉을 자리를 결정하고, 사람들 눈을 마주 보면서 대화를 시작하는 것이 무척이나 불편할 수도 있다. 그러기보다는 차라리 조금 늦게 도착해 조용히 들어갔다가 그 자리에서 필요한 최소한의 역할만 하고 나오고 싶은 것이다.

 내 안의 성난 코끼리 길들이기

일찍 도착해서 낯선 관계 속에서 어찌해야 할 줄 모르고 괴로워하기보다는 말이다.

해외여행을 하면 시간이 인간의 편리를 위해 만들어 낸 개념일 뿐이라는 사실을 더 잘 깨닫게 된다. 시간이란 사람들과 사건이 특정 시점에 맞춰질 수 있도록 만들어 낸 약속이다. 서양을 제외한 많은 나라에서 시간은 한층 유동적이다. 하루의 길이는 햇빛, 심지어 달빛의 지속 시간을 통해 결정되기도 한다. 겨울의 하루는 더 짧고, 보름달이 뜨는 밤의 하루는 더 길다. 언제 만나야 한다는 정확한 시간도 없다. 회의는 적절한 시각에 열릴 것이며, 이때 적절한 시각이란 모두가 도착하는 때를 의미할 뿐이다.

어떤 사람들은 늘 시간이 부족하다고 말하면서 불안해하고, 심지어 화를 내는 마음의 목소리를 듣는다.

"그들이 시간을 조금만 더 주었다면!"

우리는 얼마만큼의 시간이면 충분하겠냐고 스스로에게 물어보아야 한다. 어느 정도면 시간이 충분하고도 남을까? 긴 묵언수행에 들어가면 시간은 자유자재로 변화한다. 마음이 고요하고 집중되어 있으면 한 시간은 바람처럼 지나간다. 그런가 하면 몇 분이 한 시간처럼 여겨지는 경우도 있다. 특히 몸의 어딘가가 불평을 늘어놓고 있을 때는 더 그렇다.

무언가를 생각하고 있을 때 우리의 삶은 시간이라는 덩어리로 나뉜다. 앞으로 다가올 미래라는 시간은 막상 그 시간이 다가오면 순식간에 과거가 되고 만다. 현재의 순간은 찰나와 같고, 붙잡을 수 없다. 생각하지 않고 그저 알아차릴 때, 우리는 변화하는 존재의 본성, 즉 흐름 속으로 합류한다. 지금 이 순간이 존재하는 모든 것이며, 시간은 아무래도 상관없는 것이 된다. 우리가 '생각'이 아니라 '알아차림' 상태로 삶을 영위한다면 시간 또한 그에 적응하여 어떤 일을 온전히 이룰 수 있는 충분한 시간이 주어진다.

이 한마디

지금 이 순간에는 언제나 충분한 시간이 있다.

미루는 버릇 알아차리기

42 Chapter

- ## 연습법

지금 해야 할 일을 뒤로 미루는 버릇을 알아차려 본다. 미루고 싶은 욕구를 알아차리고, 그런 욕구가 생길 때 어떻게 하는지, 즉 일을 미루는 당신만의 방식에도 깨어 있어 보라. 어떤 이유로 미루게 되는지 자세히 살펴보고, 그 습관을 수정하거나 없애는 데 어떤 전략이 효과적일지도 생각해 보라.

한 주간 기억하는 방법

'미루기'라고 적은 종이를 침실, 부엌, 욕실 등 집안일을 곧잘 미루는 장소에 붙여 놓는다. 일을 미루기 위해 머무는 장소나 사용하는 물건 주변에도 종이를 붙여 놓는다. 텔레비전, 비디오 게임기, 컴퓨터 등이 될 수 있다.

이 연습을 하면서 많은 사람이 그동안 미루어 두었던 일들(전화, 보고서, 편지, 지원서, 중요한 대화 등)을 생각해 낸다. 한 여성은 2월에 이 연습을 하다가 친구들과 가족에게 보내지 않은 연말 카드를 쓰기 시작했다고 말했다. 그러면서 각각의 카드에 늦어져서 미안하다고 조그마한 메모를 덧붙여야겠다는 생각이 들었다. 하지만 그렇게 하다 보면 또 한 달이 걸리겠다 싶었다. 그녀는 자신이 편지를 부쳤는데 혹시라도 그 편지가 완벽하지 않을까 봐 계속 발송을 미루고 있다는 것을 알게 되었다.

이것은 내면의 비판자가 우리를 쥐락펴락하는 좋은 예다. 그녀가 편지를 써서 부쳤는데 빠뜨린 것이 있다면 내면의 비판자는 그녀를 흠씬 혼내줄 것이다. 반대로 편지를 완벽하게 완성해서 보내려고 차일피일 미루다가 편지가 늦게 도착하거나 아예 도착하지 못하게 되면 내면의 비판자는 또 화를 낼 것이다. 내면의 비판자를 이길 방법은 없다. 그의 유일한 할 일이 비난이며, 그는 제 몫을 아주 잘 해내기 때문이다.

지원서 제출을 미루던 한 남자는 마음에서 이런 핑계가 들려오는 것을 발견했다.

"이런저런 일만 없다면 지원서를 쓸 시간이 있을 텐데……."

하지만 실제로 그는 자신에게 주어진 시간을 낭비하고 있었다.

또 어떤 사람은 편지를 타이핑하고, 수정하고, 출력하여 봉투에 넣고, 주소를 적는 매 단계에서 자신이 늑장을 부리고 있음을 깨달았다.

"제 머릿속에는 각 단계가 예상보다 훨씬 더 어렵거나 시간이 많이 걸릴 거라는 생각이 있더라고요."

일을 미루거나 게으름을 피울 기회는 하루에도 수도 없이 많다. 나중에, 혹은 다른 사람이 하기를 기다리면서 밥 먹은 그릇을 개수대에 남겨 둔다든지, 외출하고 돌아와서 바닥에 옷가지를 그냥 던져 놓는다든지, 아침에 일어나 이부자리를 정리하지 않는다든지, 쓰레기통 안으로 들어가지 않은 휴지를 주워 넣지 않는다든지, 화장실 휴지가 두 칸밖에 남지 않았는데 귀찮아서 갈지 않는다든지 등등.

이 연습은 이런 우리에게 새로운 모토를 던져 준다.

"지금 바로 한다."

어떤 남자는 자신이 아침에 침대에서 일어나는 바로 그 순간부터 하루 온종일 모든 것을 미루며 늑장을 부린다는 것을 깨달았다고 말했다. 그러자 옆에 있던 사람이 자신은 미루는 습관이 모든 것을 악화시킬 뿐이라는 것을 깨닫고 나서 이 나쁜 습관을 싹 고칠 수 있었다고 말했다. 침대에서 빠져나오는 것을 미룰수록 일어나기는 더 힘들어지니까 이제는 알람시계가 울리면 곧바로 일어난다는 것이다. 애초에 고민을 털어놓은 남자는 명상센터까지 타고 올 자전거에 오르는 것을 미룬다면, 계속 늑장을 부리다가는 명상에 늦을 거라는 두려움에 아예 명상센터에 가지 말자고 결심할 수도 있겠다는 생각이 들었다.

결국 그의 결론은 이랬다.

"오만 가지를 다 걱정하는 마음은 지금 이 순간에 오롯이 존재하는 데 방해가 될 뿐이다."

늑장을 부리고 일을 미루는 데 가장 좋은 해독제는 바로 전적인 책임을 지는 것이다. 개인 컵, 개지 않은 이불 등 개인적 공간을 어지럽게 쓰는 것에서부터 오해나 실수 등 심리적인 혼잡함에 이르기까지 모든 것에 대해 책임지는 것이다. 내 스승의 선원에서는 이미 금이 가있던 작은 접시를 깨뜨렸을 경우에도 그것을 모두에게 알리고 사과해야 한다. 선원의 모든 것이 모두의 책임에 속해 있는 것이다.

우리는 일상에서 처리해야 할 일들이 너무 많다 보니 오히려 인간으로서 해야 할 가장 기본적이고 중요한 일을 미루는 경향이 있다. 어떤 종교에서는 그 일을 '하나님과 하나 되기', 혹은 '그리스도와 같아지기'라고 표현한다. 불교에서는 '깨어남'이라고 말한다. 우리는 영적인 수련이 얼마나 중요한지 어느 정도 이해는 하고 있지만, 먹고 입고 아이들을 키우는 등 수많은 할 일에 치여서 정작 중요한 본질은 미뤄 두는 경우가 많다.

어떤 사람들은 기말 보고서를 작성하는 대신 영화를 보러 가는 등 당장 기쁨을 주고 힘은 적게 드는 일을 선택하면서 할 일을 미룬다. 그들은 앞으로 벌어질 수밖에 없는 불편한 경험을 그냥 무시해 버린다. 또 어떤 사람들은 싫은 감정 때문에 일을 미루기도 한다. 그들은 어떤 일을 시작하는 생각만 해도 긴장되고 버거워하며, 일을 미루는 것이 더 큰 불안을 만들어 낼 뿐이라는 사실을 애써 외면한다. 많은 훌륭한 계획이 실행에 옮겨졌을 때 돌아올 비난이나 실패의 두려움 때문에 시작되지도 못하거나 끝을 맺지 못한다. 어떤 사람들은 공상 속으로 도피하거나 알코올의 힘을 빌려 그저 잊어버림으로써 할 일을 피하려고 한다.

미룬다는 것은 본질적으로 비생산적일 수밖에 없다. 미룸으로써 우리가 피하려고 하는 바로 그것, 즉 고통을 더 불러올 뿐이기 때문이다. 마음 모음 수련의 본질은 도망가기를 그만두는 데 있다. 우리는 멈추어 서서 주위를 둘러보고 그동안 피해 왔던 그것 속으로 곧장 걸어 들어간다. 피해 왔던 그 일을 '할 일' 목록 제일 첫머리에 두고, 마음이 일어나 미루자고 유혹하기 전에 아침에 눈을 뜨면 가장 먼저 시작하는 것이다.

어느 날 저녁, 나는 암으로 죽음을 앞둔 한 중년 여성을 만나러 갔다. 그녀는 고대의 중국어 불교 문헌을 번역하는 존경받는 학자였는데, 이제는 뼈만 남은 앙상한 몸으로 커다란 침대에 누워 있었다. 살날이 며칠 남지 않은 것 같았다. 이야기를 나눈 뒤 내가 떠날 채비를 하자 그녀가 한탄조로 말했다.

"나중에 꼭 명상 수련을 실제로 해볼 수 있을 거라고 생각했는데…… 그런데 나중은 없네요."

그녀의 말을 떠올려 보면 중요한 것이 무엇인지, 미루지 말아야 할 것이 무엇인지 더 분명히 가려낼 수 있다.

| 이 한마디

살날이 몇 주밖에 남지 않았다면 가장 먼저 하고 싶은 일이나 말은 무엇인가? 그것을 미루지 마라.

혀의 감각 느껴 보기

- **연습법**

한 주 동안 먹거나 마실 때 자신의 혀를 의식해 본다. 식사 중에 마음이 이리 저리 배회하고 있는 것을 알아차리게 되거든 즉시 혀의 감각으로 돌아온다. "지금 혀가 무엇을 느끼고 있는가? 또 무엇을 하고 있는가?"라고 물어보는 것 도 도움이 된다. 혀가 느끼는 온도와 질감, 맛과 향이 시시각각 어떻게 변하는 지 살펴보라. 다양한 맛을 가장 정확하게 느끼는 부분이 어디인가? 얼마나 오 랫동안 움직이고 있는가?

한 주간 기억하는 방법

식사 장소에 혀 그림을 붙여 놓는다.

혀가 하는 일을 관찰하기 어렵다면 혀의 움직임을 의도적으로 멈추었다가 아주 천천히 다시 음식을 먹기 시작해 보라. 그러면서 어떤 느낌이 느껴지는지 주의를 기울여 보라. 혀의 도움 없이 음료를 한 모금 들이켠다든지 음식을 한입 집어넣고 씹거나 삼킬 수 있는가? 혀를 움직이지 않고 씹으려고 시도해 본 사람들은 그럴 경우 씹는 행위가 위아래 치아의 무의미한 상하 운동에 지나지 않는다는 것을 알게 된다. 혀는 작지만 아주 바쁜 물건이다. 거의 한시도 쉬는 법이 없다. 식사 중에는 음식을 씹고 삼키고 맛보고 입안에서 깨끗이 비워 내도록 도와준다. 이 사이로 재빨리 튀어나왔다가 들어가면서 음식을 섞고, 움직이고, 입 양쪽으로 공평하게 나눈다. 입안 구석구석을 섬세하게 파헤치고 다니면서 아주 작은 조각이라도 남은 음식은 없는지, 이 사이는 깨끗한지 확인하는 조그만 관리인 같다.

혀는 짠맛, 단맛, 신맛, 쓴맛 등 기본적인 맛을 포함해 다양한 맛을 감지한다. 최근의 한 조사에 따르면, 혀는 그 밖에도 감칠맛, 칼슘, 지방, 민트의 청량한 맛, 톡 쏘는 매운맛, 쇠 맛 등을 감지할 수 있다고 한다. 혀는 또한 음식을 목구멍으로 넘기는 일도 맡고 있다. 음식을 삼킬 때가 언제인지를 혀가 어떻게 결정하는지 주의해서 관찰해 보는 것도 무척 재미있는 일이다. 이 마음모음 연습을 하다 보면 우리는 혀가 없다면 먹거나 마시거나 심지어 이야기를 하기도 얼마나 어려운지 금세 알게 된다. 사람의 혀를 잘랐던 고대의 고문은 실제로 굉장히 잔인한 처벌이었던 것이다.

혀에 깨어 있기 수련은 깨어 있기의 힘을 가장 잘 보여 주는 예에 속한다. 우리가 무엇에든 고요히 마음을 집중하면 그 작은 것 하나가 온 우주를 열어 보여 준다. 언제나 그 자리에 있었지만 웬일인지 숨겨져 있던 그 우주를 말이다. 혀의 경우는 말 그대로 우리의 코 바로 밑, 입안에 숨겨져 있다. 보통 우리는 그렇게 수많은 일을 처리하는 혀를 의식하지 못한다. 혀를 깨물었을 때나 데었을 때만 그 존재를 의식할 뿐이다. 사람들은 혀에 주의를 기울이기 시작하면서 종종 놀란다.

"마치 내 입안에 작은 사람이 한 명 사는 것 같아요. 그 안에 있으면서 항상 이런저런 일을 돌봐 주는 사람 말이죠."

혀는 우리가 가만히 내버려 두면 제 할 일을 더 잘한다. 우리가 방해하지 않고 통제하려 들지 않으면 모든 것이 훨씬 더 잘 돌아간다는 진실의 좋은 예다. 우리는 혀에게 이런저런 일을 하라고 지시할 수 없다.

"지금 입안에 집어넣은 것을 오른쪽으로 옮겨! 조심해, 여기 이가 있잖아! 나오라고! 자, 이제 삼킬 때야. 아니, 기다려! 내가 숨을 들이마실 때는 안 돼!"

우리 인간은 혀가 일하는 방식만큼 복잡한 컴퓨터 프로그램은 아마 결코 만들지 못할 것이다.

혀는 우리가 태어난 그 순간부터 24시간 우리를 보살펴 왔지만, 우리는 다치지 않는 이상 혀를 의식하지 못한다. 우리는 이처럼 우리를 지탱하고 보살펴 주는 많은 것을 알아채지도 감사하지도 못한 채로 살아간다. 우리는 늘 우리의 발아래에서 발걸음을 지탱해 주는 대지의 존재를 거의 의식하지 못하고, 21퍼센트의 산소와 78퍼센트의 질소가 절묘하게 섞인 우리 머리 위의 공기도 의식하지 못하며, 우리의 삶을 가능하게 해주는 물에도 주의를 기울이지 않는다. 수련을 통해 숨겨져 있던 혀를 분명히 알아차리게 되면 우리는 삶의 많은 축복에도 새롭게 눈을 뜰 것이다.

이 한마디

혀는 저만의 지혜를 갖고 있다. 다른 많은 것이 그러하듯 혀도 우리가 통제하려 들지 않을 때 제 역할을 더 잘한다.

조바심
알아차리기

• 연습법

생활하면서 조바심이 올라오거든 바로 알아차려 보자. 조바심에 따라오는 몸의 신호들(손가락 두드리기, 다리 떨기 등)과 마음속 대화('빨리 하라고!')를 주의 깊게 살펴보고, 스스로에게 이렇게 물어보라.

"내가 왜 이렇게 서두르고 있지? 이렇게 서둘러서 내가 가려고 하는 곳이 어디지?"

어떤 대답이 떠오르는지 지켜보라.

한 주간 기억하는 방법

'조바심 알아차리기'라고 쓴 종이를 주변 곳곳에 붙여 놓는다. 특히 쉽게 성급해지는 장소에 빠뜨리지 않고 붙여 놓는다.

| 길잡이

조바심은 현대 사회에서 흔히 경험하는 감정이다. 우리가 탄 차가 느리게 가거나 멈추면, 누군가 회의에 늦으면, 기다려야 하는데 할 게 없으면 우리는 조바심이 난다. 조바심을 표현하는 몸의 신호는 저마다 다르다. 심장 박동이 빨라지거나 가슴이나 배가 옥죄어 오기도 하고, 손가락을 두드리거나 다리를 떨기도 하며, 그저 안절부절못하는 사람도 있다. 이 수련을 하면서 나는 내가 운전할 때 몸을 늘 앞으로 기울이고 있음을 발견했다. 마치 운전은 시간 낭비이며, 몸을 앞으로 기울여 조금이라도 더 빨리 가겠다는 것처럼 말이다. 조바심을 내고 있다는 마음의 신호는 동요되거나 부주의해지거나 짜증스러워지는 것, 또는 "이렇게 오래 걸리다니 믿을 수가 없어", "왜 이렇게 꾸물거리는 거야?", "이 바보야, 저리 비켜!"라고 속으로, 때로는 겉으로 말하는 것 등 다양하다.

언제 어떤 상황에서 자신이 조급해지는지 바라보는 것은 흥미로운 일이다. 부모님이 인내심이 없었는가? 선생님이 재미가 없거나 수업이 너무 빠르거나 느리게 지나가서 학교에서 처음 조바심 내는 것을 배웠는가? 성미가 급한 사람들은 때로 상대가 말을 다 마칠 때까지 기다리는 것이 어려워서 맥락에 맞지도 않는 대답을 중간에 불쑥 내놓기도 한다. 상대가 결국 뭐라고 말할지 자신은 알고 있으며, 그 말이 끝날 때까지 기다릴 수 없다고 생각하는 것이다(이에 대한 해결책으로는 38장에 소개한 '스펀지처럼 듣기' 연습이 있다).

조바심은 앞으로 미리 달려 나가 일을 빨리 진행시키고 싶은 마음이 제 의지를 관철하려고 할 때 생겨난다. 조바심의 신호가 보이기 시작할 때 의식을 지금 이 순간으로, 즉 호흡, 살갗에 닿는 옷의 감촉, 방 안에서 나는 소리 등으로 돌리면 조바심은 한결 잦아든다.

한 걸음 더

조바심은 불교에서 말하는 세 가지 독 중 하나인 분노의 한 측면이다. 탐진치 세 가지를 '독'이라고 칭한 것은 아주 적절하다. 셋 모두 우리를 정신적으로나 육체적으로 말 그대로 병들게 만들기 때문이다. '분노'라는 단어는 누군가 혹은 어떤 것인가를 없애 버려야만 내가 행복해질 수 있다는 잘못된 믿음을 가리킨다. 만일 내가 이 직장을 관둘 수 있다면, 더 나은 애인을 만날 수 있다면, 모든 범죄자가 감옥에 들어간다면, 모든 테러리스트들이 없어지기만 한다면, 조바심 내는 사람들이 이 세상에서 없어지기만 한다면, 그러면 세상은 내가 살기 좋은 곳이 될 것이다. 조바심은 이러한 분노가 경미하게 표현된 것에 지나지 않는다.

마음에서 조바심의 목소리가 들려오거나 몸으로 표현될 때 이렇게 마음에게 물어보면 도움이 될 것이다.

"이 일을 해치우겠다고 이렇게 서두르고 있는데, 그래서 그다음에는 뭘 할 거지?"

그러면 대개 마음은 대답한다.

"다음 단계의 일을 할 수 있지."

그렇게 질문을 몇 번 반복해 보라.

"그래, 이걸 얼른 해치우고 다음 단계로 넘어가면, 그다음에 할 일은 뭔데?"

대답이 들려올 때마다 계속 물어보라.

"그런 다음에는?"

그러면 당신은 마음이 이 한 시간, 오늘 하루, 이번 한 주, 올 한 해……결국에는 인생의 끝에 다다르기 위해 지금 이토록 서두르고 있음을 알게될 것이다. 마음이 서둘러 앞으로 달려가려 할 때, 우리는 결국 우리가 향하는 곳이 인생의 마지막 순간임을 알아차려야 한다. 그게 정말 우리가 원하는 것일까?

우리는 설거지처럼 지루하거나 사소하다고 생각되는 일은 급하게 해치워 버린다. 얼른 해치우고 인터넷을 하거나 영화를 보는 등 재미있거나 편안한 일을 하고 싶다는 생각에서다. 그러나 삶의 모든 측면에 순간순간 깨어 있다면 우리가 빨리 끝내려고 서둘러 해치웠던 행동들도 재미있어진다. 마음이 앞으로 가야 한다며 우리의 목에 줄을 매어 끌고 가지 않을 때 모든 행동이 편안하게 느껴질 수 있다.

조바심은 분노의 일종이고, 분노의 이면에는 언제나 두려움이 있다. 두려움을 수면 위로 끄집어내면 분노 또한 사라지기 시작할 것이다. 그렇다면 조바심 아래에 숨어 있는 두려움이란 과연 무엇일까?

바로 충분한 시간이 없을 것이라는 두려움이다. 이것은 비현실적이면서도 현실적인 두려움이다. 우선 우리 인생이 언제 끝날지 아무도 모르고, 우리가 죽기 전에 경험해 보고 싶은 일은 아주 많다는 점에서 현실적이다. 하지만 시간은 우리 마음이 만들어 낸 것에 불과하므로 시간이 부족할 것이라는 두려움은 비현실적이다. 마음을 고요히 하고 순수 의식 속으로 들어가 일어나는 일들의 흐름에 몸을 맡길 때 시간은 의미를 잃는다. 영원의 고요가 열리면서 우리는 평화 속에 놓이게 될 것이다.

조바심은 우리의 삶을 앗아 간다. 조바심이 생기거든 호흡하고, 귀를 기울이고, 감각을 느끼면서 지금 이 순간 안으로 잠겨 들라.

불안감 깨닫기

Chapter 45

• 연습법

불안감을 인식해 본다. 불안감과 관련된 몸의 감각, 감정, 생각들을 모두 느껴 본다. 심장이 쿵쾅거리는가? 생각들이 물밀듯이 쏟아져 들어오는가? 하루 중에서 불안이 맨 처음 모습을 드러내는 순간을 알아차려 보라. 모닝커피를 마실 때인가? 뉴스를 볼 때? 아니면 학교나 직장에 도착했을 때? 하루에 여러 번, 잠시 하던 일을 멈추고, 지금 내면에 불안감이 있는지 살펴보라. 또한 불안감이 어떻게 일을 망치는지 알아차리고, 무엇이 불안을 잠재울지도 생각해 보라.

한 주간 기억하는 방법

'지금 불안한가?'라고 적은 작은 종이, 혹은 불안해하는 사람 얼굴을 주변에 붙여 놓는다. 그것들이 눈에 들어올 때마다 잠시 멈추어서 불안의 신호나 증상들이 나타나지 않는지 살펴본다.

길잡이

사람들은 불안감이 자신의 삶 속에 생각했던 것보다 훨씬 오래전부터 존재하고 있음을 깨닫고 놀란다. 불안은 현대 문화에 너무도 팽배해 있어서 사람들은 마음모음을 통해 마음이 더 고요하고 섬세해지며 몸과 마음이 달라지지 않는 이상, 자신들이 불안해하고 있다는 것조차 인식하지 못한다. 불안감은 알람시계가 울릴 때, 또는 그날의 첫 전화벨이 울릴 때 튀어나올 수도 있다. 어떤 사람들은 아침에 눈을 뜨면 벌써 불안해진다고 말한다. 한 여성은 이렇게 말했다.

"불안은 침대 머리맡에서 내가 눈 뜨기만 기다리고 있는 것 같아요. 눈을 계속 감고 있으면 느끼지 않을 수 있어요."

또 어떤 사람들은 불안감이 아침 뉴스와 함께, 모닝커피 한 잔과 함께, 혹은 직장으로 가는 전철 안에서 찾아온다고 말한다.

안에서 불안감이 올라오고 있다는 것을 말해 주는 몸의 신호는 저마다 다를 것이다. 심장 박동이 빨라지기도 하고, 호흡이 얕아지기도 하며, 겨드랑이가 축축이 젖기도 하고, 다리를 떨기도 한다. 불안감에 동반되는 생각도 저마다 다르다.

'이번에도 실패했어.'

'저 사람이 날 떠나고 말 거야.'

'가망이 없어.'

'병에 걸렸으니 난 이제 죽고 말 거야.'

자기 안에서 일어나는 불안의 내용을 알아보고 관찰할 수 있는 사람들은 어떤 패턴을 발견하기 시작한다. 불안을 순식간에 커다랗게 키워 내는 씨앗과 같은 특정 상황이나 사건이 있는 것이다. 그 씨앗들이 어린 시절에 심어진 경우도 종종 있다. 어린 시절 놀다가 형에게 목을 졸려 죽을 뻔한 적이 있는 한 남자는 목이 조이는 셔츠나 스웨터를 입기만 하면 불안감이 올라온다는 것을 발견했다.

┃ 한 걸음 더

불안은 불교에서 '유신견(有身見, 내 몸이 따로 존재하는 실체라는 착각_옮긴이)'이라고 말하는 착각의 한 측면이다. 즉, 스스로를 타인들에게 위협받는, 외따로 떨어진 외로운 존재라고 보는 관념을 말한다. 불안이 맨 처음 어떻게 나타나고, 그다음에 어떻게 번져 나가는지를 알아보는 일은 매우 중요하다. 깊은 호흡이 아주 강력한 해독제가 될 수 있다.

불안을 꿰뚫어 보기 위해서는 그 밑바닥을 들여다볼 필요가 있다. 불안은 늘 생각과 함께 온다. 내면의 대화라는 형태를 띠는 이 생각들은 아주 미묘해서 처음에는 감지하기가 쉽지 않다. 생각들은 늘 과거나 미래를 향해 있으며, 심지어 바로 1초 전의 과거나 1초 후의 미래를 향해 있기도 하다. 마음이 지금 이 순간에 머무를 때 우리는 생각을 하지 않는다. 그저 경험할 뿐이다. 차 사고처럼 위험한 일이 벌어질 때조차 우리는 일어나는 일 그대로를 생생한 슬로 모션으로 경험하고 있을 뿐이다. 두려움과 불안은 그다음에 온다.

'얼음덩이를 밟으면서 미끄러졌어. 하마터면 죽을 뻔했어. 내 아이들이

고아가 될뻔했네! 또 그런 일이 일어나면 어쩌지?'

생각은 불안감을 불러일으키면서 동시에 거기서 빠져나오려고 한다. 운전을 하면서 불안한 생각을 떠올리고 있다면 우리는 '그저 운전만' 하고 있지 않은 것이다. 우리는 운전 중에 통화하는 것이 안전하지 않다는 것을 안다. 그렇다면 내면의 누군가와 통화하는 것이라고 안전할 수 있겠는가?

우리는 삶의 대부분을 두 가지 상태로 존재한다. 하나는 몸을 세우고 깨어서 불안해하는 상태며(깨어 있을 때), 다른 하나는 편하게 누운 채 긴장을 풀고 편안한 상태다(잠잘 때). 명상 중에 우리는 이 두 가지 존재 상태의 최상의 순간을 결합한다. 즉, 마음이 고요하지만 깨어 있는 상태, 몸은 곧게 세우고 있지만 편안한 상태, 가슴은 열려 있지만 강인한 상태를 동시에 유지하는 것이다.

불안이 밀려올 때 우리는 인식할 수 있다.

'아, 불안이 지금 내 안에 현존하고 있구나.'

불안을 지탱하는 것은 생각이므로 우리는 마음이 생각에서 빠져나와 깊은 호흡이나 자애의 마음과 같은 건강한 상태로 옮겨 가도록 해야 한다. 우리는 그렇게 점점 더 불안을 일찌감치 발견하고 해소하는 법을 익히게 된다. 불안이 만들어 내는 습관적 행동, 혹은 '마음의 자국'은 점점 약해지며, 불안은 더 이상 우리에게 힘을 발휘하지 못하게 된다.

어떤 사람들은 이렇게 말한다.

"만약 불안을 놓아 버린다면 미래에 대한 계획을 세우지 않을 것 같아요. 불안을 놓아 버린다는 바로 그 생각이 저를 불안하게 해요. 삶이라는 흐름에 이리저리 밀려다니며 해파리처럼 그저 둥둥 떠다니라는 건가요?"

 내 안의 성난 코끼리 길들이기

　　그들은 불안을 놓아 버리는 것과 계획을 놓아 버리는 것을 혼동하고 있다. 불안과 계획은 완전히 다른 것이다. 불안은 우리의 마음이 계획의 맨 꼭대기에 올려놓는 고통의 일종이다. 불안은 실저로 좋은 계획도 망쳐 놓는다. 불안은 자기중심적이며, 우리로 하여금 객관성을 잃게 만든다. 반면 좋은 계획은 감정이 아니라 객관성에서 온다.

　　우리의 가슴에 불안이 촉수를 뻗지 못하게 막아 내는 좋은 방법이 하나 있다. '생각하기'에서 '경험하기'로 스위치를 전환하는 법을 찾는 것이다. 특히 호흡의 흐름 느껴 보기, 선명하거나 미묘한 소리에 귀 기울이기, 빛과 어둠의 색조와 패턴 바라보기 등 몸과 관련된 경험이면 더욱 좋다. 진실로 깨어 있을 때 시간은 천천히 흘러가며, 모든 것은 더욱 선명해진다. 한 가지에 이어 다른 하나가 완벽한 순서로 흘러 들어오며, 걱정은 사라져 버린다. 다시 모든 것이 좋아지는 것이다.

▮ 이 한마디

불안은 미묘하지만 광범위하게 우리의 행복을 파괴한다. 불안은 과거나 미래에 대한 생각에서 나오며, 지금 이 순간에는 존재할 수 없는 것이다.

운전할 때
깨어 있기

● 연습법

운전할 때 온전히 마음을 모아 본다. 몸의 움직임과 차의 움직임, 소리, 습관적 행동, 운전과 관련된 생각 등 모든 것을 알아차려 본다. 운전자가 아니라면 자전거를 타는 행위, 자동차나 버스, 전철에서 승객으로 앉아 있는 행위에 깨어 있어 본다.

한 주간 기억하는 방법

운전대나 계기판에 '깨어 있기'라고 적은 종이를 붙여 놓는다. 시각적으로 주의를 흩뜨리지 않기 위해 차를 출발시키기 전에 종이를 떼어 내고, 이후에 차에 탔을 때 상기할 수 있도록 차에서 내리기 전에 다시 붙여 놓는 것이 좋다.

사람들은 이 연습이 초심으로 되돌아갈 수 있게 해준다고 말한다. 거의 자동적으로 능숙하게 운전하는 상태에서 벗어나 운전 시의 모든 미묘한 움직임에 깨어 있도록 도와준다는 것이다. 우리는 차에 타자마자 이 연습을 시작할 수 있다. 허벅지와 엉덩이, 등에서 느껴지는 좌석의 압력을 느껴 보라. 차체 바닥에 닿은 발을 느껴 보라. 시동을 걸 때 손가락의 감촉을 느껴 보라. 차가 달리고 있을 때의 진동을 느껴 보라. 두 손이 운전대를 어떻게 잡고 있는지도 알아차려 보라. 윗부분을 잡고 있는가, 아니면 중간이나 아랫부분을 잡고 있는가? 한 손만 올라가 있는가, 아니면 두 손 다 올라가 있는가? 운전하는 동안 어떤 감정이 올라오는가?

나는 차체가 내 몸이고, 타이어가 내 발인 것처럼 타이어를 지나 도로면에까지 의식을 확장해 길의 느낌에 주의를 기울이는 것을 좋아한다. 나는 차가 집 앞에서 도로로, 도로에서 고속도로로 들어설 때 느껴지는 마찰과 진동에 주의를 기울인다. 엔진 소리, 바람 소리, 타이어 소리 등 운전할 때 나는 소리에도 귀를 기울인다.

한번은 하라다 스님을 워싱턴에서 오리건까지 차로 모셔다 드린 적이 있다. 주 경계선을 지날 때 스님은 반쯤 잠이 드신 것 같았는데, 갑자기 도로면의 질감과 소리가 달라졌다고 말씀하시는 것이 아닌가? 나는 스님이 얼마나 빈틈없이 알아차림 상태로 깨어 계시는지에 감동을 받았고, 나 역시도 더욱 정진하겠노라고 맹세했다.

운전할 때 깨어 있기 연습을 하다 보면 모두에게 저마다의 운전 방식이 있음을 알게 된다. 어떤 사람들은 천천히 소심하게 운전해서 차에 탄 다른 사람들을 조바심 나게 하고, 어떤 사람들은 노란불에도 과감하게 액셀러레이터를 밟아서 차에 탄 사람들을 불안에 떨게 한다. 어떤 운전자들은 운전하면서 풍경을 보거나 먹거나 심지어 전화 통화를 하기도 하고, 어떤 운전자들은 사고가 나지는 않을까 신경을 곤두세우고, 도로에서 눈을 떼지 않는다.

운전할 때 깨어 있으려면 편안하면서도 민첩한 의식 상태가 필요하다. 깨어서 운전하기를 수련할 때 나는 선불교에서 '하나의 직선'이라고 부르는 것을 마음속에 떠올린다. 이것은 얼마나 많은 곡선이 있든, 얼마나 여러 번 멈추었다 다시 시작하든, 얼마나 많은 우회로를 만나 돌아가든 늘 목적지를 의식하고 목표에 한결같은 태도를 말한다.

❘ 한 걸음 더

현대인들은 자동차에서 보내는 시간이 무척 길기 때문에 이 연습은 "마음모음 연습 시간을 어떻게 내야 하죠?"라는 물음에 훌륭한 대답이 된다. 깨어서 운전하기 수련은 마음모음 연습을 위해 따로 시간을 낼 필요를 없애 주고, 목적지까지 상쾌한 기분으로 도착할 수 있게 도와준다. 다른 마음모음 연습과 마찬가지로 이 연습 역시 몸과 마음을 모두 써야 한다.

모든 마음모음 수련 안에 들어 있는 근본적인 질문은 이것이다.

"진정으로 바뀔 준비가 되어 있는가?"

깨어서 운전하기에는 우리의 운전 습관을 적극적으로 바꾸는 것도 포함된다. 대개 우리는 삶이 뜻대로 되어 주지 않을 때, 고통을 겪고 있을 때만 자발적으로 바뀌고자 한다. 예를 들어, 값비싼 과속 위반 딱지를 한번

떼이고 나면 무슨 일이 있어도 제한 속도 이하로 달리려고 노력할 것이다. 깨어 있기 연습은 그와는 다른 이유로 우리에게 변화를 요청한다. 바로 호기심이다. 이 변화가 더 큰 행복과 자유를 줄 수 있을 것 같다는 호기심 말이다.

한번은 내 수련 제자가 모는 차를 타고 갈 일이 있었는데, 나는 그의 부주의한 운전 습관에 대해 한마디 했다. 그러자 그가 바로 말했다.

"발견하신 제 버릇과 그 버릇을 고칠 수 있는 방법을 말씀해 주세요."

나는 그렇게 했고, 그는 내 조언을 실천에 옮겼다. 이제 그는 아주 훌륭한 운전자다. 이것이 바로 진정한 학생의 자세다. 다른 사람들을 더 이롭게 할 방향으로 바꿀 수 있는 기회라면 무엇이든 마다하지 않는 것 말이다.

더 큰 평화와 만족감을 맛보고 싶다면 자기 삶의 모든 측면을 철저히 들여다보고, 운전과 관련해 자신이 어떤 습관을 키우고 있는지, 어떻게 하면 미숙한 점들을 버릴 수 있는지 적극적으로 관찰해야 한다. 사람들은 언젠가 누가 번쩍하고 나타나서, 혹은 무슨 일인가 벌어져서 삶이 확 바뀌기를 기대한다. 그렇게 바깥에서 올 행복을 기다리며 평생을 낭비할 수도 있다. 만족감은 날 때부터 우리 안에 있는 것이다. 그것은 이미 우리 안에 있다. 깨어 있음은 우리를 그곳으로 곧장 데려가 줄 자동차와 같다.

진정한 변화는 어려운 것이다. 이는 숨 쉬고 먹고 걷고 운전하는 방식들처럼 작은 변화로부터 시작한다.

음식
깊이 보기

• 연습법

음식을 먹을 때, 먹을 것이나 마실 것을 마치 그 역사를 되짚어 올라가듯이 잠시 들여다본다. 상상력을 발휘하여 그것이 어디서 왔고, 얼마나 많은 사람의 손을 거쳐 이 접시 위에 놓여 있는지를 생각해 보라. 그것을 땅에 심고 가꾸고 수확한 사람들, 트럭으로 옮긴 운전자들, 포장한 공장 노동자들, 가게의 계산원들, 그 음식을 요리한 가족이나 요리사를 떠올려 보라. 음식을 입안에 집어넣기 전에 그들 모두에게 감사하자.

한 주간 기억하는 방법

주방이나 식탁 등 식사를 하는 장소에 '음식 깊이 보기'라고 적은 종이를 붙여 놓는다.

우리 선원에서는 식사를 하기 전에 함께 기도를 암송하는데, 그중에 이런 구절이 있다.

"이 음식을 여기까지 가져다준 사람들의 노고에 감사하고, 이 음식이 어떻게 우리에게 왔는지 생각합니다."

하루에 여러 번 반복하는 여느 행위들이 그러하듯 이런 기도를 암송한다고 해서 매 식사 때마다 실제로 이 밥그릇에 음식이 담기기까지 관여한 모든 사람을 생각할 수는 없는 노릇이다. 음식이 맛있었다면 요리사를 잠깐 생각하면서 고마운 마음을 품는 정도라고 할까? 바로 그래서 이 연습을 하는 것이다.

우리는 우리가 먹는 음식의 상당 부분을 선원에서 직접 기른다. 정원이나 온실에서 일하다 보면 양상추나 당근 하나가 식탁의 샐러드로 오르기까지 얼마나 많은 노고가 들어가는지 몸소 깨닫게 된다. 우리는 이웃집 퇴비 더미에서 우리 트럭으로 퇴비를 옮겨 담으면서, 그리고 트럭에서 퇴비를 다시 퍼 내리면서, 그 퇴비를 주방에서 나온 음식 찌꺼기와 깎아 낸 잔디 자투리가 섞인 선원의 퇴비 더미에 다시 쌓아 두면서 이웃들에게 고마운 마음을 품는다. 우리 선원의 연례 잼 담그기 행사에 참여해 본 사람이라면 누구나 사과잼을 먹을 때 새삼스레 존경심이 들 것이다. 동네의 사과나무에서 사과를 몇 상자씩 따다가 그것을 모두 씻고 자르고 졸이고 갈아서 수백 개의 잼 통에 담는 과정에 참여해 본 사람이라면 말이다.

비록 우리가 대부분의 현대인보다 음식과 관련된 육체노동에 더 가까이 있기는 하지만, 음식 깊이 보기 연습을 하다 보면 우리는 우리가 아직도 여전히 음식을 당연하게 여기고 있다는 사실을 알게 된다. 특히 밀가루나 설탕, 소금, 치즈, 우유 등 포장되어 나오는 것들은 더욱 그렇다.

우리는 먹을 때 깨어 있기 연습의 일환으로 이 연습을 자주 한다. 이 연습이 우리 내면의 눈을 열어 주어 우리 앞에 놓인 음식에 생명 에너지를 담아 준 모든 이들을 알아보기 쉽게 도와주기 때문이다. 요리사, 계산원, 물품 정리원, 운전수, 공장의 포장 직원들, 농부들, 이주 노동자들 등 모든 이들을 말이다.

남편과 나는 아이들이 어렸을 때 식사 전에 음식을 여기까지 가져다준 사람들을 생각하며 몇 분간 짧은 묵상을 하곤 했다. 우리는 대도시에 살았는데, 대도시의 아이들은 대부분 갓 재배한 채소를 비롯한 모든 먹을거리가 슈퍼마켓에서 나온다고 생각했다. 슈퍼마켓 뒤 안 보이는 곳에 비밀스러운 제조 공장이 있을 것이라고 생각한 것이다. 사실 수많은 지성적인 어른들조차 음식이 어디서 오는지 제대로 알지 못한다. 한번은 선원에 온 손님이 수프를 만들면서 양파가 없냐고 묻기에 내가 밖으로 나가 마당에서 캐온 양파를 두 개 쥐여 주었다. 그는 소스라치게 놀랐다.

"흙이 묻은 이 요상한 물건이 대체 뭐죠?"

한번은 BBC 방송에서 만우절 기념 속임수를 벌인 적이 있다. 스위스에서 스파게티가 풍년이라는 재미있는 뉴스였다. 스위스 전통의상을 차려입은 여인들이 나무에 매달린 길고 긴 파스타 가락을 즐겁게 뜯어내고, 음식점에서는 손님들이 '갓 딴 스파게티'를 대접받고 함박웃음을 짓고 있는 뉴스였는데, 그 뉴스가 나간 후 많은 사람이 BBC 방송국에 전화를 걸어 그 스파게티 나무를 어디서 살 수 있는지 물었다고 한다(인터넷에서 '스위스 스파게티 풍년(The Swiss Spaghetti Harvest)'이라는 제목으로 동영상을 검색하면 볼 수 있다).

▌한 걸음 더

음식을 깊이 들여다보면 우리가 무수한 존재의 생명 에너지에 전적으로 의존하여 살아간다는 사실을 깨닫게 된다. 잠시 멈춰서 시리얼 대접에 담긴 건포도 한 알에 대해 생각해 보라. 포도를 심은 사람, 가지를 잘라 낸 사람, 포도가 자랄 수 있도록 포도 넝쿨을 베어 낸 사람 등 그 건포도 한 알을 당신에게 가져다주기 위해 참여한 사람들의 숫자를 헤아려 본다면 아마 적어도 열댓 명은 될 것이다. 그보다 훨씬 더 멀리 거슬러 올라가 지중해에서 처음 포도를 재배한 사람까지 포함한다면 아마 몇만 명은 될지도 모른다. 거기에 지렁이나 흙 속의 박테리아, 효모균, 꿀벌 등 동식물, 무생물에까지 범위를 확대해 본다면 대접 속의 건포도 한 알로 표현되었지만 궁극적으로는 당신의 세포에 생명을 더해 주고, 당신에게 생명 에너지를 흘려보내 준 존재들의 숫자는 가히 몇 억에 달한다고 할 수 있을 것이다.

이 연습을 하다 보면 영혼 깊은 곳에서 진정한 친밀감을 느낄 수 있다. 뭔가를 먹거나 마실 때마다 우리는 무수한 존재들과 하나가 된다. 생명이 죽어서 우리 몸을 만나 다시 생명이 되는 것이다. 이 순환은 우리가 죽을 때까지, 죽어서 우리가 받은 모든 생명 에너지를 되돌려 줄 때까지 계속된다. 우리의 몸은 흩어졌다가 수많은 새로운 생명의 형태로 다시 태어날 것이다.

이 많은 존재에게 어떻게 은혜를 갚아야 할까? 돈으로는 어림도 없다. 이 건포도 한 알을 내게 가져다준 사람들에게 1달러씩만 준다고 해도 건포도는 아마 왕들만 먹을 수 있는 음식이 될 것이다. 그보다는 감사하며 깨어 있는 마음으로 음식을 대한다면, 먹기 전에 모든 사람의 노고에 대해 한 순간이라도 깨어 감사하는 마음을 품는다면 어떨까?

틱낫한 스님은 이렇게 말씀하셨다.

"마음모음을 연습하는 사람은 오렌지 한 알에서 다른 사람들은 보지 못하는 것을 본다. 깨어 있는 사람은 그 안에서 오렌지 나무를 보고, 봄에 피어나는 오렌지 꽃을 보고, 그 위에 쏟아부어진 햇빛과 비를 본다. 깊이 볼 때 우리는 오렌지 한 알이 존재할 수 있게 해준 수만 가지 것들을 보게 된다. 그리고 그 모든 것이 어떻게 서로 연결되어 있는지도."

| 이 한마디

우리가 음식을 먹는 동안 많은 존재의 생명 에너지가 우리 몸속으로 흘러들어온다. 그들에게 가장 깊이 경의를 표하는 방법은 무엇일까? 바로 먹을 때 온전히 깨어 있는 것이다.

48
Chapter

빛
인식하기

● 연습법

밝은 것, 어두운 것, 직접적인 것, 반사된 것 등 모든 형태의 빛으로 의식을 확
장해 본다.

한 주간 기억하는 방법

'빛'이라고 적은 종이나 빛나는 전구 그림을 전등 스위치 근처를 포함하여
적절한 장소에 붙여 놓는다.

길잡이

이 연습은 평소에 우리가 얼마나 많은 것을 인식하지 못하는지를 아주 잘
보여 주는 마음모음 연습이다. 현대 사회에서 우리는 빛을 당연하게 받아

들인다. 하지만 20세기 중반 전기가 널리 보급되기 전까지 빛은 아주 소중하며, 심지어 신성하게 여겨지기까지 했다. 시골에 있는 우리 선원에서는 겨울에 강풍이 불 때 정전이 되는 일이 잦았다. 촛불이나 등유 램프에서 나오는 흐릿한 빛으로 요리를 하거나 책을 읽으려고 하다 보면 왜 부처님이 물과 음식, 옷과 잘 곳, 교통수단과 함께 빛을 누구나 공짜로 누려야 하는 기본적 선물이라고 하셨는지 이해하게 된다. 다시 전기가 들어오면 우리는 처음 몇 시간은 빛에 새삼스럽게 감사하게 되지만, 이내 다시 당연한 마음으로 돌아가 버린다.

정전을 경험한 뒤 마음모음 수련 그룹 하나가 누군가 불을 켤 때마다 감사의 마음을 품는 연습을 하게 되었다. 그들은 전구에서 방출되는 전자의 흐름에까지 거슬러 올라갔고, 집 안의 전선, 전깃줄, 변압소, 발전소까지 범위를 확대했다가 마침내 오래전에 죽어 석탄과 기름, 천연가스를 제공해 준 식물과 동물들에까지 감사를 전하는 것으로 끝마쳤다. 이제 전기와 빛이라는 기적에 감사할 마음이 생기는가?

빛이 있어서 사람들은 해가 진 뒤에도 몇 시간씩 자기계발을 하고, 오락을 즐기고, 책을 읽고, 공부를 하며, 음악이나 그림 같은 것을 만들어 낼 수 있다. 빛은 우리의 감정에도 영향을 미친다. 환한 형광등 불빛과 깜빡거리는 촛불은 각기 다른 분위기를 만들어 낸다. 겨울이면 낮이 짧아서 우울해지는 사람들도 있다. 빛은 인간에게 에너지와 창조성을 불러일으켜 준다. 해가 몇 시간 나지 않는 알래스카의 겨울에는 사람들이 집 밖으로 거의 나오지 않는다. 그러다가 해가 아예 지지 않는 여름이 오면 사람들은 활기를 되찾으며, 약간 조증 증세를 보이기도 하면서 수면 시간까지 줄어든다.

빛은 치료 효과도 있다. 빛은 경미한 계절성 우울 증상을 치료하는 데 약만큼이나 효과가 있는 것으로 입증되었다.

어떤 사람들은 햇빛을 한껏 느끼면서 즐겁게 일광욕을 할 때 모든 생명이 해에서 나오는 빛 에너지에 의존해 있다는 사실을 절감하게 된다고 말한다. 하지만 최근에는 햇빛을 싫어하는 사람들도 생겨났다. 그 이유는 살갗을 태우는 태닝 시설과 햇빛이 암을 유발한다는 경고 때문이다. 그에 따라 햇빛을 기피하게 되면서 오래전의 의학적 문제가 다시 제기되었다. 비타민 D 결핍 현상이 다시 늘어나게 된 것이다. 최근에는 의사들이 햇빛이 우리 몸에 비타민 D를 만들어 주므로 하루에 적어도 15분은 직접 햇볕을 쬐야 한다고 조언해야 할 지경이 되었다.

이 마음모음 연습을 하는 동안 어떤 사람들은 빛을 모으고 온몸으로 전달해 주는 신체 기관인 눈을 새로이 의식하게 되어 볼 수 있다는 선물에 새삼 감사하기도 한다. 어떤 사람은 색깔과 토석의 아름다움이 사실 빛에 달려 있음을 깨닫게 되었다. 그는 운전 중에 이 사실을 깨달았다. 교통신호들이 오색이 영롱한 오팔처럼 빛나고, 도로 우로 뻗어 나가는 전조등 불빛은 다이아몬드 줄 같았으며, 전방의 빨간색 정지 신호는 빛을 뿜는 여러 개의 루비 같아 보였다고 그는 말했다.

한 걸음 더

빛에 의식을 둘 때 우리는 햇빛이든 인공조경이든, 밝은 빛이든 어두운 빛이든, 직접 조명이든 간접 조명이든, 흰빛이든 다양한 색조의 빛이든 어디서나 빛을 찾아낼 수 있다. 빛은 초록색 이파리들 사이로 떨어져 내리면서 나뭇잎들을 옥색 비취로 만들어 준다. 또 바닥을 서서히 가로질러 가면서 지구의 움직임을 드러내 준다. 우리 머리 위 하늘이라는 거대한 공간을 가득 채우는가 하면, 구름이나 일식으로 가려질 때도 늘 그 자리에 있다.

빛을 의식하게 되면서 사람들은 그림자와 어둠도 더 선명히 인식하게 되었다. 빛은 어떤 값을 치르지 않고도 어디에서나 접할 수 있으므로 우리는 굳이 어둠에 대해 깊이 생각하지 않는다. 그러나 어둠 속에도 빛이 있고, 때로는 기대치 않은 장소에서도 빛을 만날 수 있다. 밤에 손전등 없이 깊은 숲 속으로 가보면 아주 미묘하고 다양한 불빛들이 존재하는 것을 볼 수 있다. 그 광경 속에서는 청각과 촉각, 후각과 같은 다른 감각들도 함께 열린다. 마치 발로 길을 '보듯이' 길을 따라가고 있는 자신을 발견하게 된다.

어둠과 빛은 반대처럼 보이지만, 실제로는 각자 안에 서로가 들어 있고, 둘은 서로에게 의존된 존재다. 현대 사회는 어둠을 두려워하는 것 같다. 우리는 집 안이든 거리든 사무실이든 밤새도록 휘황찬란하게 불을 켜놓기에 오히려 별빛을 볼 수 없다. 빛은 '좋은' 것, 어둠은 '나쁜' 것으로 묘사되기도 한다. 밤이 없다면 우리 몸과 눈을 쉬어 줄 수도 없을 텐데 말이다.

눈을 감고 눈꺼풀 안의 어둠을 느껴 보라. 그곳이 전적으로 어둡지만은 않으며, 수많은 빛과 색으로 가득하다는 것을 알게 될 것이다.

이 연습을 하다 보면 빛에 대한 과학적 지식을 망각한 채 빛이 마치 사물에서부터 뿜어져 나오는 것처럼 생각하는 것이 얼마나 재미있는 모순인지 알게 된다. 선불교에는 다음과 같은 좋은 묵상거리가 있다.

"모든 것 안에는 제 빛이 들어 있다."

이 묵상에는 각 사람과 사물이 뿜어내는 물리적 빛을 찾아보는 것, 또는 각 사람이 세상에 가져다주는 독특한 빛을 알아보는 것 등이 포함된다.

빛은 희망도 주는 것 같다. 예수님은 이렇게 말씀하셨다.

"나는 세상의 빛이다. 나를 따라오는 자는 어둠 속을 걷지 않고, 생명의 빛을 누릴 것이다."

부처님의 가르침은 사람들이 스스로 진실을 볼 수 있도록 어둠 속으로 빛을 가져다주었다. 부처님은 또한 제자들에게 "자기 자신에게 등불이 되어라"라고 말씀하셨다. 자기 마음의 불빛을 밝혀서 진실을 찾아야 한다는 뜻이다. 티베트 불교에서는 생각과 감정 뒤에 있는 우리의 근본 의식이 세 가지 타고난 성질을 갖고 있다고 말한다. 경계가 없고, 선명하며, 환하다는 것이다. 우리의 본래 마음이 이처럼 환하고 선명하다는 것은 곧, 마음을 훈련하면 레이저 광선처럼 혼란을 말끔히 잘라 내고, 그 불빛을 비추는 어떤 것에든 제 본질을 환하게 드러내 보일 수 있다는 뜻이다.

| 이 한마디

누구나 자신만의 빛을 가지고 있다. 당신의 빛은 무엇인가? 세상에 생명을 주기 위해 그 빛을 끌어낼 수 있겠는가?

Chapter 49

위가 보내는 신호 알아차리기

• 연습법

우리가 보통 '위(胃)'라고 칭하는 부분에서 느껴지는 감각을 알아차려 보자. 식사 전과 후, 이 부위의 느낌을 확인한다. 당신의 위가 배고픔이나 포만감에 대해 어떤 신호를 보내는가?

한 주간 기억하는 방법

'위'라고 적은 종이, 혹은 간단하게 그린 위 그림을 식사 장소를 비롯해 곳곳에 붙여 놓는다.

길잡이

먹을 때 깨어 있기 수련을 할 때 나는 사람들에게 위에서 오는 신호를 알아차려 볼 것을 권한다. 우리는 '내가 배고프다는 것을 어떻게 아는가?'라는 질문을 깊이 탐구해 본다. 또한 밥을 먹기 전, 먹는 도중, 다 먹었을 때 위가 얼마나 비어 있거나 차있다고 느껴지는지도 확인한다. 그러면 많은 사람이 자신이 위에 대한 감각을 잃었음을 알고 깜짝 놀란다. 사람들은 극단적인 상황에서만, 즉 위가 텅 비었다며 천둥소리를 내고 불평할 때나, 너무 꽉 차서 아플 지경이라고 통증을 호소할 때만 복부의 감각에 주의를 기울인다. 식사 전 위의 느낌을 확인하며 위에 깨어 있기 연습을 할 때, 사람들은 위가 음식이 아직 들어 있다는 신호를 보내는데도 거하게 차려진 식탁 앞에 앉아 있는 자신을 발견한다. 시계가 12시를 가리키니까, 또는 오후 6시를 가리키니까 그냥 먹는 것이다.

컬럼비아 대학에서 실시한 연구에 따르건, 비만인 사람들은 위가 보내는 신호를 무시하는 경우가 상당히 많으며, 음식이 얼마나 맛있어 보이는지, 지금이 몇 시라고 생각하는지 등 외적인 요소에 의해 식사 여부를 결정하는 일이 많았다. 실제로는 오전 10시인데 시계를 조작해 정오로 맞추어 놓으면 그들은 배가 고프지 않아도 점심을 먹으려 한다. 반면 평균 체중인 사람들은 외적인 신호보다 언제 배가 고프고, 언제 배가 부른지 알려 주는 내적인 신호를 따랐기에 그런 행동을 보이지 않았다.

만성적으로 과식, 폭식을 하는 사람들은 위가 보내는 '나 배불러' 신호를 무시해 버린다. 오랫동안 신호를 무시하던 아무런 신호도 오지 않는 것처럼 느껴지며, 그러면 그들은 다시 위가 보내는 신호에 귀를 기울여야만 한다. 일본 오키나와는 세계에서 가장 오래 사는 사람들이 많은 장수촌으로 알려져 있다. 마을에는 '하라노 하치 부(腹の八分)'라는 말이 있는데, 이는

위의 5분의 4가 찰 때까지만 먹으라는 뜻이다. 위에 들어간 음식의 5분의 4까지는 건강을 유지하는 데 쓰이지만, 나머지 5분의 1은 의사들 밥벌이를 유지하는 데 쓰인다는 것이다. 식사 중 여러 번 위를 확인하는 법을 익힌 사람들은 평소보다 음식을 적게 먹었는데도 이미 상당한 포만감이 느껴진다는 것을 발견한다.

먹을 때 깨어 있기는 우리에게 몸의 지혜에 귀 기울이는 법을 알려 준다. 어떤 사람들은 자신의 위가 이른 아침에는 상당히 편안하며, 오전 10시나 11시가 되어야 배고프다는 신호를 보낸다는 것을 발견한다. 지난 몇십 년간 아침을 양껏 먹지 않으면 학교 공부를 잘할 수 없다는 어른들의 말을 듣고서 늘 7시에 아침을 먹었는데 말이다. 그들은 배고프다는 신호가 올 때까지 아침을 미루어도 자신들의 건강이나 에너지에는 아무런 문제가 없으며, 마음은 더 깨끗하다는 놀라운 사실을 발견한다. 사람들은 또한 몸이 '늦은 아침'으로 평소에 먹던 달콤한 시리얼이나 시럽을 얹은 팬케이크가 아니라 채소나 수프를 더 원한다는 것을 깨닫는다. 또 자신은 벌새와 같은 과라는 것을 깨닫는 사람들도 있다. 아침을 일찍 먹어야 하고, 이후로도 조금씩 자주 먹을 때 컨디션이 가장 좋은 것이다. 우리 모두는 저마다 독특하다.

┃ 한 걸음 더

먹을 때 깨어 있기 연습 중에 '한 번에 하나씩만 먹기'라는 연습이 있다. 건포도 한 알이 되었든 딸기 하나가 되었든, 아주 천천히 오롯이 주의를 집중해서 먹는 것이다. 이 연습을 하는 사람들은 이후 위를 느껴 보고는 깜짝 놀란다. 그것만으로도 벌써 충분히 배가 부른 것이다. 그들은 탄성을 지른다.

"어떻게 건포도 한 알을 먹고 포만감을 느낄 수 있죠? 내 평생 건포도 한 알만 따로 먹어 본 건 처음이에요! 그동안 내가 뭘 놓치고 있었던 거죠?"

우리는 위 속으로 집어넣는 음식의 양에 상관없이 포만감을 경험할 수 있다. 포만감이란 먹을 때 우리가 얼마나 오롯이 깨어 있었느냐에 달려 있다. 지금 먹고 있는 것의 색깔과 향, 맛과 온도, 질감을 느끼면서 먹다 보면 어떤 음식을 얼마나 먹든 만족감은 놀랍도록 커진다.

2년 전 먹을 때 깨어 있기 워크숍에 참석한 후 몸무게를 18킬로그램이나 감량하여 놀라움을 안겨 준 여성을 만난 적이 있다. 그녀에게 무엇을 어떻게 했느냐고 물었더니 그녀는 이렇게 대답했다.

"저 자신에게 왜 먹느냐고 물어봤어요. 몸에 평화를 주고 싶어서 먹는 것이었더라고요. 그래서 매끼 식사를 할 때마다 깨어서 먹기 시작했죠. 먹는 동안 몸을 자주 확인하면서요. 그러다 몸이 이쯤 되면 평화롭겠다 하는 느낌이 들면 곧바로 먹는 것을 멈추었어요."

먹을 때 깨어 있기는 우리의 의식을 열어 주어 먹는 행위를 온전히 경험하고, 그 만족감을 오롯이 체험하게 해준다. 마찬가지로 깨어 있는 마음 상태를 모든 활동에 적용하여 의식을 그만큼 넓게 확장하면 인간으로 살아가는 만족감을 온전히 느낄 수 있다.

어떤 사람들은 불안과 배고픔을 혼동한다. 불안과 배고픔이 주는 감각이 상당 부분 겹치기 때문이다. 뱃속이 편안하지 않고, 생각하기가 어려우며, 몸이 떨리거나 약간 어지럽기도 하다. 불안한 상태에서 음식을 먹으면 그 불편함은 더욱 커진다. 몸이 원하지 않는데 먹고 있으며, 건강에 도움이 된다고 생각되지 않는 것을 먹고 있기 때문이다. 깨어 있기 연습을 하면 마음이 말하는 것("애인과 3일 동안이나 떨어져 있어서 외로워")과 위가 말하는 것("아직 배가 부르고, 점심 먹은 것 소화하느라 바빠")을 구분할 수 있게 된다. 배고픈 것이 우리의 몸인지 마음인지를 구분할 수 있어야만 우리는 스스로에게 꼭 맞는 식사를 마련해 줄 수 있다. 우리에게 필요한 음식은 샌드위치일 수도 있지만, 사랑하는 사람에게서 걸려 온 전화 한 통일 수도 있다.

❙ 이 한마디

위가 들려주는 지혜에 귀 기울여라. 당신에게 건강과 만족감이라는 선물을 줄 것이다.

중심에
깨어 있기

- **연습법**

몸의 중심을 인식해 본다. 몸의 중심은 배꼽에서 손가락 두세 마디 정도 내려간 아랫배 가운데, 복부 앞 벽과 척추 중간 지점에 있다. 무예에서는 이 중력의 중심을 '단전(丹田)'이라고 한다.

걸어 다닐 때 의식을 이 단전에 두어 보자. 스트레칭을 하고 있든, 걸어가고 있든, 몸을 구부리고 있든, 모든 신체 활동을 몸의 이 지점으로부터 시작해 보자. 식사하며 음식을 썰 때도 의식을 단전에 둘 수 있다. 나이프를 움직이는 팔의 움직임이 단전에서부터 시작되도록 해보라. 팔의 움직임이 손으로 흘러들고, 그것이 나이프로, 다시 음식으로 이어지는 것을 느껴 보라.

한 주간 기억하는 방법

'몸의 중심'이라고 적은 종이나, 단전에 빨간 점을 찍은 사람 그림을 적절한 장소에 붙여 놓는다. 아랫배가 닿는 옷의 허리춤에 부드러운 천 조각이나 반창고를 붙여서 단전 부근에 평소와 다른 감각이 느껴지게 할 수도 있다.

길잡이

평소에 우리는 행동을 머리로부터 시작한다. 머리는 팔과 손에게 앞으로 뻗어 사용하고 싶거나 먹고 싶은 것을 집으라고 명령한다. 몸은 다소 수동적이어서 머리의 꼭두각시를 자처하면서 주인이 끈을 잡아당겨 행동을 시작해 주기만을 기다린다. 선 수련과 무예에서 수련생들은 좀 더 역동적이고 통합된 방식으로 움직이는 훈련을 받는다. 바로 몸의 중심, 단전에 깨어 있으면서 모든 행동이 단전이라는 상상의 지점에서부터 흘러나오게 하는 것이다. 의자에서 일어날 때는 마치 단전이 일어나고 나머지 몸이 따라오는 것처럼 일어나며, 걸을 때는 단전이 천천히 앞으로 움직이고 다리는 그저 그 아래에서 따라 움직이는 것처럼 걷는다. 우리는 또한 단전에 의식을 집중하고 무릎은 약간 굽힌 채 무게를 두 다리에 균등하게 싣고 서 있을 수도 있다.

운동을 하는 사람들은 단전을 잘 활용하는 경우가 많다. 상대의 서브를 받아치려고 기다리는 테니스 선수나 공을 몰고 달려야 하는 축구 선수는 모두 상체를 낮춘 채 몸의 중심을 아래쪽에 둔다. 그들의 속도와 유연성, 민첩함은 바로 그 중심에서 나온다. 골프 선수는 스윙을 할 때 단전을

 내 안의 성난 코끼리 길들이기

중심으로 몸을 회전시킨다. 카누나 카약 선수들은 단전으로부터 팔을 뻗고 다시 끌어들일 때 힘을 훨씬 덜 쓴다.

이 연습을 하는 동안 사람들은 스스로가 전보다 더 안정되어 있고, 더 균형 잡혀 있으며, 신체적 힘도 더 좋아진다는 것을 느끼는 경우가 많다. 그들은 단전에 의식을 둘 때 마음에도 영향을 미친다는 사실을 발견한다. 마음은 더 고요해지고, 집중되며, 깨어 있는 의식의 범위가 더욱 넓어진다. 의식을 몸의 중심에 두면 열띤 토론이 벌어지는 회의장에서도 회의장 안에 있는 사람들, 달칵거리는 시계 소리, 누군가의 신경질적인 기침 소리 등 그 공간에서 벌어지는 모든 일이 한층 선명하게 의식되는 것을 느낄 수 있다.

단전에 의식을 두는 연습을 오래 한 사람들은 그것이 감정을 안정시켜 주는 효과도 있음을 종종 느낀다. 화가 솟구치는 등 다루기 힘든 감정이 생길 때 의식을 몸의 중심에 두면 감정은 더 이상 커지지 않고, 곧 사라지기 시작한다. 단전에 의식을 둘 때 당신은 바닥에 무게중심이 잡힌 풍선 인형처럼 된다. 옆으로 밀쳐질 수도 있고, 뒤로 넘어갈 수도 있지만, 언제나 다시 튕겨 올라와 제자리를 되찾는다.

한 걸음 더

몸에서 자신이 어디에 있다고 느끼는지 가리켜 보라고 하면 서양 사람들은 대개 머리를 가리킨다. 동양에서는 배나 가슴을 가리키는 경우가 많다. 나의 선불교 스승은 사람들 옆을 지나쳐 가며 이렇게 말씀하시곤 했다.

"자네는 머리에 올라가 있군."

스승은 혼란스러운 생각의 소용돌이에 빠져 있는 사람을 보면 그것을 알아보고 의식을 단전으로 내리라고 조언해 주셨던 것이다. 나의 두 번째 스승은 제자들에게 배에 두 번째 '머리'가 있으니 그 아래의 중심으로부터 듣고 말하고 움직이는 것이 어떨지 상상해 보라고 말씀하셨다. 몸의 중심으로부터 들을 때 '스펀지처럼 듣기(38장)' 연습은 한층 발전한다.

몸의 중심, 즉 단전은 동양 사람들에게는 매우 친숙한 개념이다. 일본에는 '하라노 히토(腹の人)'처럼 단전과 관련된 표현들이 많이 있다. '하라노 히토'는 '단전의 사람'이라는 뜻으로, 용기와 성실함, 결단력, 의지력, 훌륭한 인품을 가진 사람을 뜻한다. 반대로 '하라가 나이(腹が無い)'라는 표현은 용기와 결단력이 없다는 뜻이다. '하라가 오오키이(腹が大きい)'라는 말은 단전이 큰 사람, 즉 관대하고, 연민이 깊으며, 마음이 넓은 사람을 말한다.

단전은 몸의 기관은 아니지만 에너지의 중심으로, 꾸준한 마음모음 연습으로 강화한다면 결국 신체적으로도 분명하게 느껴지는 특성이 된다. 나는 단전을 강화하는 수련을 오랫동안 하신 한 선승을 만났을 때, 마치 방 안에 거대한 바위와 함께 앉아 있는 듯한 느낌을 받았다.

이 책에 실린 마음모음 연습을 하면서 당신은 그중 상당수가 의식을 머리와 생각에서 몸으로 옮겨 오는 연습임을 알아챘을 수도 있다. 생각은 결코 지금 이 순간에 관한 것이 아니다. 왜냐하면 지금 이 순간은 순수한 물리적 감각의 한 순간이기 때문이다. 예를 들어, 우리의 눈이 하늘의 찬란한 색깔을 시야에 담고 있다고 해보자. 그것에 대해 생각하는 순간, 우리는 순수한 감각으로부터 분리되어 떨어져 나온다. '아, 정말 아름다운 석양이야. 작년에 애리조나에서 봤던 석양이 생각나네'라고 생각할 때 우리는 더 이

 내 안의 성난 코끼리 길들이기

상 색깔과 빛을 경험하고 있지 않다. 마음은 우리가 보고 있는 것에 '석양'이라고 이름을 붙이기 위해 경험으로부터 물러났고, 생각과 기억, 그리고 석양에 관한 비교를 하기 시작했다.

생각은 하늘에 나타난 보랏빛, 붉은빛의 갑작스러운 번쩍임과 같은 원래의 경험만큼의 즐거움을 결코 줄 수 없다. 사실 석양에 관한 생각이란 상당히 짜증스러운 것일 수 있다. 생각은 그 생생한 색깔을 그저 바라보고 있는 자연스러운 기쁨을 우리에게서 빼앗아가 버리니 말이다. 이 본질적인 간극, 두툼한 수건에 둘러싸인 채 실제로는 무엇도 직접 경험하지 못하고 있다는 이 느낌이 우리가 삶에서 느끼는 불만족감 대부분의 원천이다. 또한 사람들이 감자 칩의 짜디짠 맛이나 이런저런 음료의 강한 카페인 수치, 나아가 자동차 오디오의 음악 소리에 이르기까지 모든 경험을 극대화하려고만 하는 이유도 바로 이 때문이다.

'나'와 '나 이외의 모든 것' 사이의 간극은 감각의 강도를 높이기만 해서는 결코 메워질 수 없다. 그 간극을 만드는 것은 바로 우리의 쉬지 않는 생각이기 때문이다. '행위의 중심'을 머리에서 단전으로 옮겨야만 잡다한 생각들이 잦아들고 의식이 넓게 열리면서 '나'와 '나 이외의 모든 것' 사이의 그 불편한 간극이 사라져 버린다.

| 이 한마디

언제든지 균형을 잃었다고 느끼거든 의식을 단전으로 내려 보라. 몸과 마음을 차분히 가라앉혀 줄 것이다.

51
Chapter

몸을
향한 자애

• 연습법

한 주 동안 몸을 향한 자애를 연습해 보자. 하루에 적어도 5~10분 정도는 이 연습을 위해 시간을 할애하자. 이 연습은 명상 시간 중에 할 수도 있다. 편안한 의자에 앉아 차분하게 숨을 쉰다. 한 번 숨을 들이쉴 때마다 몸속으로 들어오는 신선한 산소와 생명 에너지를 느껴 본다. 한 번 내쉴 때마다 이 에너지가 몸 전체로 퍼져 나가는 것을 느끼면서 속으로 이렇게 말한다.

"불편함에서 자유로워지기를. 평안하기를. 건강하기를."

연습을 거듭하다 보면 숨을 내쉬며 하는 말을 '평안' 정도로 줄일 수도 있다. 하루 중 언제라도 의식을 몸으로 돌려서 아주 잠깐이라도 좋으니 몸을 향해 사랑과 친절을 보내라.

한 주간 기억하는 방법

'몸을 향한 자애'라고 적은 종이를 거울이나 침대 옆 탁자, 누우면 바로 보이는 천장 등 중요한 장소에 붙여 놓는다. 말보다 이미지가 더 효과적인 사람이라면 몸의 윤곽을 그린 뒤 중심에 커다란 하트를 그려 넣는다.

길잡이

많은 사람이 이 연습에 거부감을 느낀다. 그들은 연습을 자꾸 잊어버린다. 그러다 마침내 그 거부감의 이면에는 자기 몸에 대한 혐오가 있음을 깨닫는다. 우리는 평생 완벽한 몸의 이미지를 주입받고 있다. 젊음과 부, 성형외과 의사와 스테로이드제를 활용하여 자기 몸을 만드는 사람들(영화배우, 거물급 인사들의 전리품처럼 멋진 아내, 보디빌더, 프로 운동선수)을 선망해야 하는 것처럼 배운다. 평범한 우리의 몸은 비교도 될 수 없으며, 그럴수록 몸에 대한 경미한 분노가 마음속에 축적된다.

'나는 배가 너무 나왔어.'

'나는 가슴이 너무 작아.'

'다리는 너무 짧고, 머리카락이나 눈동자 색깔이 예쁘지 않아.'

이는 애초에는 여성들만의 문제였지만, 광고의 힘으로 이제 이런 괴로움은 남성들에게까지 옮겨 왔다. 한 청년은 가슴에 난 털이 늘 눈엣가시 같다고 털어놓았다. 많은 남자가 자기 가슴이 덜 '남자답다'고 한탄하는 요즈음, 이는 무척 놀라운 발언이었다. 그 청년은 중학생 시절 또래보다 일찍 가슴에 털이 나면서 심하게 놀림받은 기억이 있다고 말했다. 다른 남학생들이 사실은 질투가 나서 그런 것임을 알면서도 그 고통스러운 수치심을 떨쳐 버릴 수 없었다고 했다.

또 가끔은 몸에 의식을 두는 과정에서 몸이 주는 신비롭고 때로 두렵기까지 한 갖가지 감각들에 깨어 있으니 자신의 힘으로 통제할 수 있는 생각들을 다루면서 '머리에' 머물러 있겠다고 하는 사람들도 있다. 머리에서 느껴지는 그 짧고 갑작스러운 고통은 무엇을 뜻할까? 뇌종양이 있는 것일까? 몸에서는 병이 들거나 늙거나 죽는 것을 포함해 우리가 통제할 수 없는 일들이 수도 없이 일어나고 있다. 그렇기 때문에 이 연습을 하다 보면 몸에 의해 위협을 받거나 심지어 괴롭힘을 당하는 기분이 될 수도 있다. 왜 몸은 돌봐 주지 않아도 영원히 돌아가는 완벽한 기계와 같을 수는 없는 것일까?

▍한 걸음 더

부정적인 에너지의 폭격을 받으면서 멀쩡히 자라날 수 있는 것은 아무것도 없다. 아이들도 애완동물도 화분에 심은 식물도, 물론 우리 몸도 마찬가지다. 몸의 겉모습이 우리 내면의 완벽주의자, 혹은 내면의 비판자가 제시하는 기준을 맞추지 못한다면 우리는 몸에 대해서 약간 좌절하거나 화가 날 수도 있다. 특히 부상이나 질병으로 몸의 일부분이 제 기능을 발휘하지 못하게 되면 더욱 그럴 수 있다. 우리는 몸을 두려워하거나 몸에게 분노를 느낀다. 이런 감정은 몸에 좋지 않으며, 심지어 질병을 유발할 수도 있다.

자애는 손으로 만져질 만큼 분명한 치유의 힘이다. 사람들은 몸에 사랑과 친절의 에너지를 보낼 때 신체적으로도 느낌이 좋아진다는 말을 많이 한다. 정신적 긴장은 신체적 긴장을 만들어 내고, 이는 혈류를 막으며,

근육을 수축시킨다.

　나이가 들면서 내 몸은 아침에 일찍 일어나는 것을 거부했다. 나는 아침 명상을 시작하며 내 몸을 향해 사랑과 친절을 브냈는데, 그것은 마치 아스피린을 두 알 먹은 것과 같은 효과를 냈다. 밤에 잠들기 전 내 몸에 사랑과 친절을 보내면 나는 그렇지 않을 때보다 훨씬 더 깊이 숙면을 취할 수 있다. 피곤하거나 병이 났을 때 몸에 자애의 에너지를 보내면 마치 몸에 치유의 연고를 바르는 느낌이 든다. 자애는 몸과 마음, 즉 우리의 모든 부분이 평안 속에 잠기게 해준다.

　때로 사람들은 스스로에게 자애를 보내는 것에 거부감을 느낀다. 그들은 그것이 이기적이라고 느끼며, 건강이 안 좋은 다른 사람들을 위해 그렇게 해야 하는 것이 아닌가 하는 생각을 한다. 하지만 자기 자신에게 자애의 에너지를 보내는 것은 결코 이기적인 것이 아니다. 오히려 다른 사람들에게 그 에너지를 나누기 위해 선행되어야 하는 전제조건과도 같다. 자기 자신을 위한 자애의 에너지가 꽉 차있다면 그것은 저절로 흘러넘쳐 다른 사람에게로 스며들 것이다.

▎이 한마디

하루에 적어도 한 번은 몸을 향해 사랑과 친절을 토내라. 이만한 대체 의학은 없다.

미소
보내기

• 연습법

한 주 동안 스스로에게 웃을 여유를 주어 보자. 자신의 얼굴 표정을 알아차려 본다. 입술이 내려가 있는가, 올라가 있는가? 이를 앙다물고 있는가? 양미간에 긴장이 있고, 주름이 져 있는가? 거울이나 유리창 앞을 지나갈 때 곁눈질로 자신의 표정을 확인해 본다. 무표정하거나 어두운 표정이라면 웃어 보자. 함박웃음을 지을 필요는 없다. 모나리자의 미소처럼 아주 살짝 웃음을 머금는 것으로도 충분하다.

한 주간 기억하는 방법

'미소'라고 적은 종이나 웃는 입술 그림을 거울이나 컴퓨터, 자동차 계기판, 현관문 안쪽, 전화기 등에 붙여 놓는다. 전화 통화를 할 때, 정지 신호에서 기다릴 때, 컴퓨터가 기다리라는 표시를 할 때 등 언제라도 미소를 지어 볼 수 있다. 명상하는 중에 부처님의 미소처럼 부드럽게 '내면의 미소'를 지어 보라.

▎길잡이

어떤 사람들은 이 연습을 내켜 하지 않는다. 늘 웃는 것은 가식적이며, 자연스럽지 않다고 생각하기 때문이다. 하지만 하루에 여러 번 거울을 들여다보면서 그들은 깜짝 놀란다. 자신은 늘 유쾌한 얼굴을 하고 있다고 생각했는데, 실제로는 습관적으로 어두운 표정만 짓고 있기 때문이다. 자신이 뭔가 마음에 들지 않는 듯 양 입꼬리가 처지고 살짝 찌푸린 얼굴을 하고 있다는 사실을 일단 깨닫고 나면 사람들은 좀 더 밝은 인상이 되기 위해 자발적으로 얼굴 표정을 바꾼다.

　우리 선원에서는 웃기 연습의 극단적인 형태인 '웃기 요가'라는 것을 시도해 본 적이 있다. 그날의 기분이 어떠하든 날마다 아침 9시에 원을 그리고 모여서 종이 울리면 2분간 쉬지 않고 큰 소리로 웃어 대는 것이다. 처음에는 가식적이라고 여겨지던 웃음이 그렇게 서로 웃는 모습을 바라보면서 '진짜' 웃음으로 바뀌었다. 소리 내 웃든, 미소를 짓든, 웃고 싶지 않을 때 웃기는 싫다는 마음을 일단 버리자 사람들은 이 연습을 훨씬 더 즐기게 되었고, 긍정적인 분위기가 생겨났다. 한번은 어떤 교사가 뚱한 얼굴의 학생에게 일주일의 수련 기간 내내 '바보처럼 웃기' 숙제를 내주었다. 긴 수련도 여러 번 해서 많은 수련에 익숙해져 있던 이 베테랑 수련생은 그것이 자신이 해본 가장 편안하고 즐거운 수련이었다고 말했다.

웃음에 관한 흥미로운 연구가 많이 있다. 모든 인간 문화에서 웃음은 행복을 표현한다. 웃음은 배우는 것이 아니라 타고나는 것이다. 모든 아기는 생후 4개월쯤 되면 사람들을 향해 웃기 시작한다. 이는 태어날 때부터 앞이 안 보이는 아기라고 해도 마찬가지다. 아기는 엄마를 보았을 때('진짜' 웃음)와 낯선 사람이 다가왔을 때(입만 웃고 눈은 웃지 않는 '사회적' 웃음), 서로 다른 웃음을 보여 준다. 웃음은 강력한 사회적 신호다. 사람들에게 각기 다른 인종의 사람들 사진을 보여 주었는데, 인종에 상관없이 웃고 있는 집단에 가장 큰 호감을 보였다. 웃음은 타인에 대한 분노도 진정시켜 준다. 웃는 얼굴은 100미터 거리에서도 부정적인 얼굴 표정과 구별된다.

웃음에는 생물학적으로 유익한 효과가 있다는 것이 많은 연구 결과 입증되었다. 웃음은 혈압을 낮추고, 면역 체계를 강화하며, 자연 진통제(엔도르핀)와 자연 항생제(세로토닌)를 방출한다. 진심을 담아 웃는 사람은 웃는 습관을 갖고 있지 않은 사람들보다 평균 7년을 더 산다고 한다. 웃음은 또한 사람을 더 매력적이고 젊으며 성공한 사람처럼, 즉 누구나 좋아하는 모습으로 보이게 해준다.

한 걸음 더

웃음에는 전염성이 있다. 명상 수련을 마치고 사회로 돌아간 사람들은 다른 사람들이 자신을 보고 웃는 통에 당혹스러워한다. 심지어 길이나 가게에서 마주친 낯선 사람들이 그러는 경우도 있다. 얼마 뒤 그들은 자기 내면의 편안한 상태가 미소로 드러났으며, 다른 사람들은 그저 그 웃음에 반응을 보여 준 것뿐이라는 사실을 깨닫는다. 유익은 자신에게 돌아온다. 사람들이 우리를 보고 웃음을 되돌려 줄 때, 우리의 기분도 그만큼 좋아지니까 말이다.

웃음은 다른 사람들의 기분에만 영향을 미치는 것이 아니라 자신의 감정에도 영향을 준다. 얼굴 근육은 뇌에 직접적인 영향을 미친다. 틱낫한 스님은 이렇게 말씀하셨다.

"보통은 기쁨이 웃음의 원천이지만, 때로는 웃음이 기쁨의 원천이 될 수도 있다."

웃을 때, 또는 마치 웃고 있는 것처럼 그저 양 입꼬리를 끌어올리기만 해도 기분이 더 좋아질 수 있다. 사람들은 얼굴 주름을 없애려고 보톡스를 맞지만, 그러면 웃음을 포함해 얼굴 근육을 움직일 수 있는 능력은 떨어진다. 그만큼 긍정적이거나 부정적인 감정의 힘도 약해진다. 얼굴 근육을 어떻게 움직이느냐에 따라 마음과 감정도 영향을 받는다. 웃음의 영향을 연구한 전문가 데일 조르겐센(Dale Jorgensen)은 이렇게 말했다.

"이 문제에 대해 조금 생각해 보았다. 내가 알아낸 것은 내 애초의 전제를 더욱 강하게 입증해 주었는데, 그것은 우리가 우리의 운명을 실제로 결정하고 있다는 것이다. 우리는 우리가 하는 행동으로 우리에게 일어나는 일에 영향을 미친다. 웃음은 웃음이라는 간단한 행위가 다른 사람들과의 관계나 다른 사람들이 우리를 대하는 방식 등 복잡한 차원에도 영향을 미치는 좋은 예다."

부처님은 얼굴에 늘 온화한 미소를 띠고 있는 것으로 묘사된다. 깨어

있는 마음의 기쁨에서 우러나온, 실로 깊은 향기를 풍기는 미소다. 어떤 환
경에서든, 심지어 죽음 앞에서도 깊은 만족 속에 있었던 한 사람의 미소다.

| 이 한마디

웃음이 자신과 주변 사람들에게 긍정적인 효과를 가져다주는 것이 그토
록 분명하다면 우리는 웃는 수련을 평생토록 '심각하게' 해야 하는 것 아
닐까?

주변을 처음보다 더 좋은
상태로 만들고 떠나기

• 연습법

이 연습은 '흔적 남기지 않기(2장)' 연습에서 한 발 더 나아간 것이다. 아주 사소한 방식일지라도 내가 사용한 공간을 처음보다 더 깨끗하게, 혹은 말끔하게 만들고 떠나는 방법을 찾아보자.

한 주간 기억하는 방법

'처음보다 더 좋게'라고 적은 종이를 부엌이나 욕실, 침실 등 적절한 곳에 붙여 놓는다. 또한 이런 공간의 출입문에도 붙여 놓는다.

길잡이

사람들은 처음에 이 연습을 시작할 때 어느 정도까지 해야 '더 좋아진' 것인지 궁금해한다. 아파트 앞의 쓰레기를 전부 주워야 하나? 공원이나 대로에서도 그래야 할까? 어느 정도까지 하고 멈추어야 할까?

이 연습을 하기 가장 좋은 시간과 장소는 날마다, 그리고 자기 집 주변에서다. 날마다 집 주변에서 할 수 있는 일은 얼마든지 있다. 버스 정류장에서 바람에 날려 온 신문지 조각 줍기, 주방 개수대에 흘린 커피 자국 닦기, 흐트러진 쿠션 정돈하기, 공중화장실에서 손을 닦은 종이 타월로 세면대의 물기 닦기 등. 어떤 청년들은 '한 번 그러면 계속 그럴 거라고 기대할까 봐' 이 연습을 꺼린다. 부모님 등 타인은 물론이고 심지어 자기 스스로도 기대하게 되어 어쩌다 정리를 못하고 나올 때면 죄책감을 느끼게 되더라는 것이다.

이 연습은 내가 '생각 중독'이라고 이름 붙인 사태를 만들어 내기도 했다. 어떤 사람들이 '더 좋게' 만든다는 것이 실제로 무슨 뜻인지를 철학적으로 묻기 시작하면서 곁길로 새버린 것이다. 그들은 세상을 '더 좋게' 만들기 위한 몇백 년의 노력도 결국은 실패하지 않았느냐고 되묻거나, 개수대에 누가 설거지거리를 남겨 두었을 때 그것을 자신들이 씻는 것이 과연 옳은지, 그런 행동이 혹시 당사자를 계속 무의식적이고 부주의하게 살도록 '조장'하는 것은 아닌지를 두고 갑론을박을 벌였다. 하지만 한 수련생이 이렇게 명쾌하게 정리했다.

"내가 뭔가를 치우고 싶지 않을 때 나는 늘 내 중심으로만 생각하고 있다는 것을 발견했어요. '왜 나야? 난 이거 하기 싫어!'라고 말하는 거죠. 내가 이렇게 함으로써 다른 사람들이 얼마나 행복해질지를 생각하니 화는 사라지고, 그저 이 연습을 즐겁게 하게 되었죠."

다른 사람들이 벗어 놓은 신발이 지저분하게 널려 있는 것을 본 한 학생은 이런저런 생각을 모두 놓아 버리고 신발을 정리하면서 몸을 움직이니 한결 편안한 마음이 되더라고 말했다.

이 연습을 즐겁게 하는 사람들은 이 연습이 '네라고 말하기(모두의 상태를 더 좋게 하기 위하여)'나 '비밀스러운 선행(아무에게도 알리지 않고 모두의 상태를 더 좋게 만들기)' 같은 다른 연습과 연결되어 있음을 직접 겪고 깨닫는다. 한 학생은 이 연습의 범위를 물질적인 것에서 사람에게까지 넓혔다. 그는 "어떻게 하면 내가 이 관계를 전보다 더 좋게 만들고 이 방에서 나갈 수 있을까?" 하고 스스로에게 물었다고 한다. 또 다른 사람은 이 연습에 '더 좋은 에너지 남기고 떠나기'라고 자신만의 이름을 붙였다. 자신의 마음 상태가 부정적이거나 못마땅하거나 비판적임을 알아차렸다면 어떻게 하면 더 긍정적인 상태로 바꿀 수 있을지 그 방법을 곰곰이 생각한다는 것이다. 그의 경우는 노래하기가 가장 효과적이었다고 한다.

▎한 걸음 더

세상을 더 좋게 만들기 위해 우리가 할 수 있는 일은 셀 수 없이 많다. 비록 직접적인 물리적 환경을 개선하기 위해 이 연습을 시작했다 해도 연습의 범위는 얼마든지 넓힐 수 있다. 우리는 아마 수백만 인구의 생명을 살릴 무언가를 발명해 내지는 못할 것이다(그리고 이제 우리 모두 알다시피 항생제에서 민주주의, 동물원에 이르기까지 그런 발명품들은 모두 부작용 또한 갖고 있다). 하지만 우리 각자가 방금 사용한 작은 공간이 자신의 존재로 인해 더 좋은 곳이 되기를 바라는 마음을 품고 있다면 이 세상 전체는 엄청난 유익을 누릴 것이다.

선 수련에서는 마음의 상태를 좋게 하는 일에 집중한다. 많은 사람이 다른 사람들이 어질러 놓은 것을 발견했을 때 이 연습을 하고 싶은 마음이 들지 않았다고 말했다. 그들은 자신이 해야 할 첫 번째 일은 바로 마음속의 화를 내려놓는 것이었다고 말했다. 그러고 난 후에야 여타의 감정적인 고통 없이 청소 작업으로 들어갈 수 있었다는 것이다. 한 사람은 이렇게 말했다.

"이 연습을 내 마음속의 잡동사니들을 알아차리고 치우는 데까지 확장해 보았어요. 판단과 비난, 그 밖의 불필요하고 해로운 생각들을 마음속에서 치워 버릴 수 있다면 내가 만나는 모든 사람, 사실상 세상 전체가 더 좋아질 것이라고 확신해요."

사람들은 대부분 자신들이 왔다 간 후 이 세상이 더 좋은 곳이 되기를 진심으로 소망한다. 그들은 친환경 청소 도구를 쓰고, 가게에 갈 때는 시장바구니를 들고 가며, 전력이나 음식, 물 같은 자원을 낭비하지 않으려고 노력한다. 이것은 우리 자신과 미래 세대를 위해 이 세상을 더 깨끗하고 건강한 곳으로 만들려는 생태적인 실천이다.

영적인 실천은 분노와 질투, 탐욕과 같은 해로운 정신적·감정적 상태를 결단과 관대함, 타인의 행복에 대한 기쁨과 같은 유익한 상태로 변화시킬 수 있도록 우리의 마음을 단련하는 것이다. 이런 변화의 결과를 결코 과소평가해서는 안 된다. 그들은 자신들이 만나는 모든 사람에게 영향을 미치며, 그렇게 자신만의 빛을 뿜어내고 있다. 그들 자체가 다음 세대에 넘겨줄 멋진 유산이 되는 것이다.

 내 안의 성난 코끼리 길들이기

이 세상을 더 좋은 곳으로 만드는 일은 그리 어렵지 않다. 그저 친절을 연습하라.

좌선 명상을 시작하는 사람들을 위하여

한번은 누가 내게 물었다.

"명상을 꼭 따로 배워야만 합니까? 마음모음 연습으로 충분하지 않나요?"

대답은 생각하기에 따라 달라질 수 있다. 무엇에 충분하단 말인가? 마음모음이 당신을 행복하게 만들어 주기에 충분한가? 그렇다. 마음모음 연습은 일상적 권태와 만성적인 불안, 미묘한 우울감, 자주 우리를 덮치는 마음의 분주함 따위를 충분히 흩어 내준다. 마음모음 연습으로 통증이 경감되고, 관절염에서 피부병, 섭식장애, 우울증에 이르기까지 많은 질병이 호전된다는 의학적 연구 결과도 많이 나와 있다. 그저 지금 이 순간에 현존하는 것, 지금 이 삶을 좀 더 오롯이 사는 것만으로도 더 행복해지고 건강해질 수 있다는 사실은 진실로 놀라운 발견이다.

마음모음 연습은 일종의 활동적 명상 혹은 활동 기도다. 그런데 가만히 앉아서 하는 조금은 다른 형태의 마음모음 연습도 있다. 우리는 그것을 좌선 명상이라고 부른다. 몸이 고요하면 마음도 따라서 고요해진다. 마음이 안정되면 우리는 빽빽한 생각들의 그물 사이로 공간을 더 넓힐 수 있다. 그 사이로 삶의 중요한 문제들을 더 깊이 들여다볼 기회를 얻는다.

그 모든 기억과 걱정을 지고 다니는 마음이 고요해질 때, 우리는 깨달음이 솟아오르는 깊은 지혜의 강물에 다가갈 수 있다. 그런 깨달음은 때로 한 사람의 인생을 바꿔 놓을 만큼 강력한 것일 수도 있다. 그렇게 떠오르는 깨달음을 우리는 '진실에 열림', '진실에 깨어남', '신성의 목소리' 등 여러 이름으로 부른다.

이름을 무엇이라 하든 우리가 내면에서 그런 순간을 경험할 때 삶은 바뀐다. 우리는 더 이상 앞날을 알 수 없는 이 복잡한 세상에서 사는 것을 겁내지 않는다. 우리는 다른 모든 존재와 마찬가지로 우리가 있어야 할 정확한 장소에 정확한 모습으로 존재함을 깨닫는다.

아래에 기본적인 좌선 명상의 규칙을 소개한다. 가능하면 앞으로 더 멀리 이끌어 줄 교사를 찾아 함께 수련하기를 권한다.

기본적인 명상법

의자나 바닥에 방석을 깔고 앉는다. 편안하지만 등은 곧게 세운 자세로 앉아 가슴과 배에 호흡을 위한 공간이 충분히 만들어지도록 한다. 등을 세우고 앉을 수 없는 경우라면 누워서 할 수도 있다.

의식을 호흡에 집중한다. 몸에서 숨이 들고 나는 감각이 가장 잘 느껴지는 곳을 찾아본다. 숨을 의도적으로 바꾸려 하지 마라. 몸은 숨 쉬는 법을 아주 잘 알고 있다. 당신은 그저 의식을 호흡에 두기만 하면 된다.

길게 숨이 들어오고 나가는 동안 계속해서 변하는 호흡의 느낌에 집중한다. 마음이 숨을 의식하는 데서 벗어나 곁길로 새는 일이 무척 자주 일어나는데, 그때마다 부드럽게 호흡으로 돌아오라.

이것은 긴장을 풀고 이완되면서도 온전히 깨어 있는 경험이다. 마치 휴가 기간 아침에 그저 앉아서 숨 쉬는 단순한 일 이외에는 아무런 할 일 없이 잠에서 깨어나 있는 상태와 같다.

이처럼 의식을 호흡에 두기를 20~30분간 지속했다면 한 차례 명상으로는 충분한 시간이다. 더 오래 하는 것도 물론 좋으며, 좌선 명상을 샤워처럼 날마다 반복하는 일과로 만들면 가장 좋다. 마음의 샤워라고나 할까? 아주 바쁜 날이라면 시간을 줄일 수도 있다. 5분이나 10분만이라도 날마다 명상하는 것이 한 달에 한 번, 두 시간 동안 하는 것보다 좋다. 명상을 하면 바쁜 일과 속에서도 선명함과 평정을 유지할 수 있고, 일을 더욱 효율적으로 처리하게 되니, 명상하며 보낸 1분 1초는 두세 배로 보상받는 셈이다.

더 깊은 수련을 위하여

이 책에 나온 연습법 중 일부는 명상과 묵상, 기도로 더 확장할 수 있다. 아래에 몇 가지 예를 소개한다.

■ **4장_ 손 인식하기**

명상을 하는 동안 손바닥에서 느껴지는 감각들에 의식을 열어 본다. 손을 서로 맞잡는 것도 좋다. 그리스도교인들은 '이 손이 하나님의 손입니다'라는 화두를 들고 명상하면 좋을 것이다.

■ **16장_ 세 번의 심호흡**

명상 중에 심호흡을 세 번 하면서 그동안 마음에서 생각을 전적으로 비우고, 마음을 완전히 열고 모든 것을 받아들여 본다. 그런 다음, 긴장을 풀고 마음이 제멋대로 돌아다니게 둔다. 몇 분 뒤 다시 한 번 모든 생각을 내려놓고 심호흡을 세 번 하면서 기도나 명상의 주제에 온전히 주의를 기울인다. 이를 반복한다.

■ **23장_ 텅 빈 공간 인식하기**

공간을 명상의 화두로 삼는다. 예를 들어, 몸속의 공간(폐)을 의식할 수도 있고, 방 안, 혹은 마음속 공간(생각과 생각 사이)에 의식을 모을 수도 있다.

■ **38장_ 스펀지처럼 듣기**

명상이나 묵상 중 선명한 것이든 미묘한 것이든 들려오는 모든 소리에 주의 깊게 귀 기울인다. 언제라도 중요한 메시지가 들려올 수 있다는 자세로 귀를 기울여 본다.

■ **48장_ 빛 인식하기**

1~2미터 거리에 작은 촛불 하나를 켠 뒤 불꽃에 의식을 두고 명상한다. 때로는 아주 깜깜한 어둠 속에서 명상할 수도 있다.

이 카드를 잘라 원하는 연습법을
스스로에게 상기시켜 보세요.

	쓰지 않던 손 1	**흔적 남기지 않기** 2
오로지 먹기만 5a	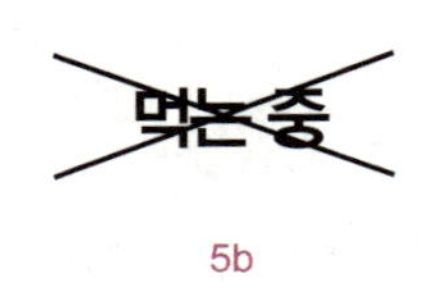 5b	**칭찬** 6
자세 7	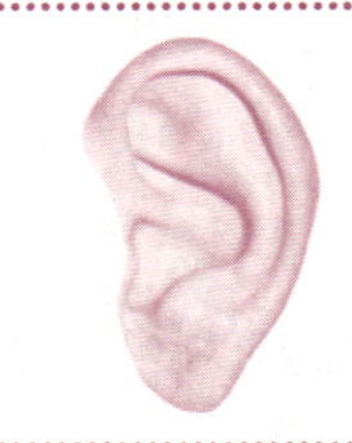 9	**숨 쉬기** 10
기 12	**이번 주는 뉴스나 오락거리 금지** 13	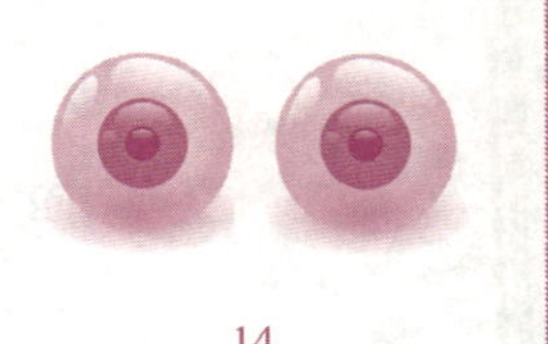 14
3 16	 17	 18

공간
23
한 번에 한입씩
24
지금 이 순간 나의 욕구는 무엇인가?
25
고통 관찰
26
물
28
고개 들기
29
정의하기와 방어하기
30
냄새
31
이 사람이 오늘 밤 죽을 수도 있다
32
추위와 더위
33
대지
34
싫어하는 것 알아차리기
35
무시하고 있는가?
36
바람
37
스펀지처럼 듣기
38

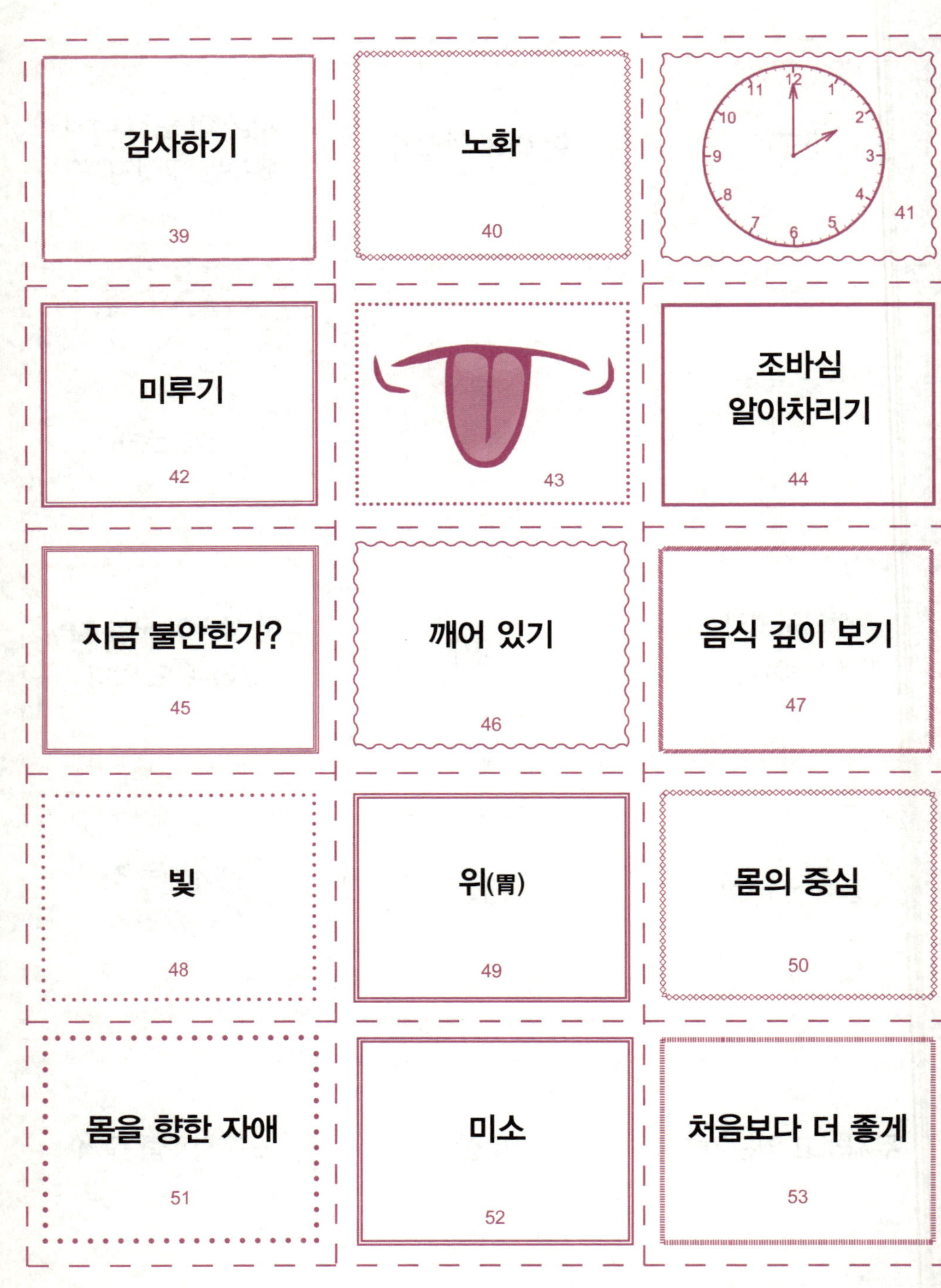

감사하기

39

노화

40

41

미루기

42

43

조바심
알아차리기

44

지금 불안한가?

45

깨어 있기

46

음식 깊이 보기

47

빛

48

위(胃)

49

몸의 중심

50

몸을 향한 자애

51

미소

52

처음보다 더 좋게

53